Giuseppe Pignata

———————

Meine Flucht

aus den

Gefängnissen der Inquisition

Giuseppe Pignata

Meine Flucht

aus den

Gefängnissen der Inquisition

Impressum:
© 2020 Till Müller (Hrsg. u. Bearb.)
Herstellung und Verlag: BoD – Books on Demand, Norderstedt.
ISBN: 978-3-75194-449-6

Vorrede des Übersetzers.

DIE folgende interessante Erzählung der Flucht Giuseppe Pignatas aus den Gefängnissen der Römischen Inquisition, am Ende des 17. Jahrhunderts, wurde zuerst in Deutschland durch eine Übersetzung bekannt, die vor ungefähr 50 Jahren erschien, und nicht mehr im Buchhandel zu finden ist. Da die Geschichte Pignatas überall mit Interesse gelesen wurde, indem sie auch in französischer, englischer und dänischer Sprache erschien, so glaubte der Herausgeber, daß eine neue deutsche Bearbeitung derselben auch der jetzigen Leserwelt willkommen sein und eine günstige Aufnahme finden werde.

Im März 1834.
A. Palmer.

Vorrede des italienischen Herausgebers.

ES ist eine so seltene und kaum glaubliche Sache, einen Menschen bloß durch eigenen Scharfsinn aus den Kerkern der römischen Inquisition sich retten zu sehen, daß ich glaube, es werde dem Publikum Vergnügen machen, wenn ich ihm die Art und Weise erzähle, wie Giuseppe Pignata es anfing, um zu entfliehen. Er stieg am 4. Juni 1694 zu Amsterdam ans Land, und da ich seinen Namen in den Zeitungen las, worin man seine Flucht als eine unerhörte Begebenheit beschrieb, so bemühte ich mich, seine Bekanntschaft zu machen, und mich von seinen Abenteuern mit ihm zu unterhalten. Sie schienen mir so seltsam und merkwürdig, und erregten so sehr das Interesse aller, mit denen ich davon sprach, daß ich mich schmeichle, meine Erzählung werde dem Leser um so mehr Unterhaltung gewähren, als sie ganz genau mit Giuseppe Pignatas eigenem Bericht übereinstimmt, so daß ich ihn bei demselben einführen werde, als wenn er selbst spräche. Übrigens wollte er in die Ursachen seiner Gefangenschaft nicht eingehen; die Furcht vor dem heiligen Gericht war seinem Geist so eingedrückt, daß er noch zittert, wenn er davon spricht. Er sagte mir bloß, er werde mir einen getreuen Bericht über die Weise erstatten, wie er es gemacht habe, um aus dem Gefängnis zu entkommen, und über alles, was ihm seitdem und bis diesen Augenblick begegnet sei, da er durch Gottes Gnade sich in nötiger Freiheit befinde.

Meine Flucht

aus den

Gefängnissen der Römischen Inquisition

ICH hatte, so erzählt Giuseppe Pignata, ehemals die Ehre gehabt, mehreren Kardinälen als Sekretär zu dienen, die zu meinem Unglück alle tot sind. Der erste war der Kardinal Basadonna, ein Venezianer, der mir bei seinem Ableben eine Leibrente aussetzte, welche hinlänglich war, meinen Unterhalt zu sichern, ohne jemand zur Last zu fallen. Nach dem Tode des Kardinals Gastaldi, welcher der letzte war, bei dem ich in Dienst stand, bot mir Herr Pietro di Gabrieli, mit dem ich lange in freundschaftlichen Verhältnissen gestanden, sein Haus und seine Tafel an, ohne irgendeine andere Dienstpflicht, als ihm Gesellschaft zu leisten. Er versprach mir sogar, wenn er zu hohen Stellen am römischen Hof gelangen würde, mich ebenfalls zu befördern. Diese so verbindlichen Anträge ließen mich diese Stelle vielen anderen vorziehen, welche man mir bei angesehenen Personen anbot. Ich brachte ungefähr zwei und ein halbes Jahr in dem Haus des Herrn von Gabrieli zu. Zuweilen besuchten ihn Gelehrte, man unterhielt sich über Gegenstände der Philosophie, aber nur sehr selten über religiöse Materien, und wenn es geschah, so war es immer ein gewisser Abbé Antonio Oliva, welcher eine solche Unterhaltung veranlaßte. Es war ein unerwartetes Ereignis, daß mehrere von uns der Inquisition zu Mailand als

Ketzer angezeigt wurden. Dies geschah durch einen gewissen Francesco Pichitelli, dem man den Spitznamen *der blinde Tischler* gegeben hatte, weil er der Sohn eines Tischlers war, übrigens ein Mensch von so schlechter Aufführung, daß er verdient hätte, gehangen zu werden. Die Anzeige welche er zu Mailand gegen uns machte, ward zu Rom so wichtig befunden, daß unserer 9-10 die sich in den Gesellschaftszirkeln bei Gabrieli befunden hatten, einer nach dem anderen ins Gefängnis gesetzt wurden, worunter auch ich mich befand.

Als ich nämlich eines Tages mich in meinem Zimmer in Monte Giordano, im Hause des Herrn di Gabrieli, dem ehemaligen Haus der Herzöge von Ursini, befand, kam schon am frühen Morgen ein gewisser Herr Broggi zu mir und veranlaßte mich unter einem Geschäftsvorwand mit ihm auszugehen; ich hielt ihn für einen Freund von mir und trug nicht das geringste Bedenken ihn zu begleiten. Als ich in den Hof herabgekommen war, so nahm ich nicht den Weg den man gewöhnlich nach der Straße *del fico* nimmt, sondern ging durch das große Tor nach der neuen Kirche des h. Philippo von Neri. Hierüber war Broggi sehr unruhig, und verlangte fast gebieterisch, ich möchte auf der anderen Seite hinausgehen, indem dort die Häscher mich erwarteten. Meine Weigerung war von keinem Nutzen, denn die Spione, welche mir folgten, liefen gleich, als sie sahen, daß ich einen anderen Weg nahm, den Häschern zu, um sie davon zu benachrichtigen. Sobald ich an die erste Straße, die St.-Agnese-Straße gekommen war, so hörte ich zwei Männer hinter mir herlaufen; sie warfen mir plötzlich einen großen schwarzen Mantel über, hielten mich fest und führten mich in das Haus eines Buchhändlers, wo sie mich bewachten, bis der Hauptmann dieser Schergen mit 40 Häschern anlangte. Er ließ mich ganz eingehüllt in seine Kutsche setzen und nach seiner Wohnung führen, wo er mich nach meinem Namen fragte. Nachdem er ihn gehört, so erinnerte er sich, daß ich ihm im Haus des Kardinals Basadonna behilflich gewesen war, seine gegenwärtige Stelle zu erhalten; dies machte ihn aber nicht günstiger für mich gestimmt. Ich mußte hier eine Stunde warten, worauf man mich in die Gefängnisse des heiligen Offiziums führte. Sobald ich in der Kanzlei des Tribunals angekommen war, ließ der Kommissar und der Sekretär mich visitieren, wie man es allen Gefangenen zu tun pflegt; sie nahmen mir mein Geld und meine Papiere, überhaupt alles, was sich in den Taschen befand, und ließen mir nur meine Tabaksdose, mein Gebetbuch und meinen Rosenkranz. Hierauf fragten sie mich um Vor- und Zunamen, ließen das Tor eines großen Hofes öffnen, und befahlen, mich in eine der kleinen Kammern des Gefängnishauses, die man *geheime* nennt, zu führen, weil man hierin mit niemand Verbindung hat. Im Durchgehen durch den Hof, längs einem der großen und düsteren Gänge des heiligen Offiziums, fiel mir die Kuppel der St.-Peters-Kirche in die Augen. Ich war aufmerksam auf die Lage des Gefängnisses, wohin man mich brachte, in Hinsicht auf diese Kirche und fand, daß es gerade der Ostseite derselben gegenüber war.

Ehe ich verhaftet wurde, war ich sehr heftigen Leibschmerzen unterworfen; aber ob ich gleich alle Arten von Hilfsmitteln anwandte, so wollte keines eine günstige

Wirkung machen; endlich hatte ich einen Aufguß von verschiedenen Kräutern zu nehmen begonnen, wovon ich mehr Erfolg hoffte. Es wurde mir jedoch nicht erlaubt, mich dieses Mittels ferner im Gefängnis zu bedienen. Glücklicherweise aber ward ich sogleich gesund, als ich aufhörte Medizin zu nehmen und den Arzt zu fragen. Da ich nicht wußte, wie ich mich in dieser traurigen Einsamkeit beschäftigen sollte, so fing ich an zum Zeitvertreib die Vespern der heiligen Mutter in Musik zu setzen, und einige Arien zu komponieren; nachts machte ich den Text und am Tage die Noten. Hierzu bediente ich mich eines kleinen Tisches, auf welchen ich sie schrieb, denn man hatte mir abgeschlagen, ein kleines Klavier aus meiner Wohnung kommen zu lassen. Auf diesem Tisch spielte ich nun mit den Fingerspitzen wie auf einem Klavier, und meine Einbildungskraft stellte mir alle Töne dar, als wenn ich sie hörte. Auf diese Art vertrieb ich mir während 250 Tagen die Langeweile. Da ich aber sah, daß meine Gefangenschaft sich sehr in die Länge zog und die vielen Formalitäten bei den Verhören mich einsehen ließen, daß die Sachen nicht so geschwind zu Ende gehen würden, als ich gehofft hatte, so sann ich darauf, wie ich mich vielleicht retten könne. Ich hatte indes kein Messer, keine Schere, noch sonst ein eisernes Werkzeug, ohne welches man doch an eine Flucht nicht denken konnte. Als ich aber eines Tages mit dem Gefängniswärter sprach, zog er eine Dose von geflochtenem Stroh aus der Tasche und sagte mir, daß einige minder streng eingeschlossene Gefangene sich beschäftigten, kleine Stroharbeiten in verschiedenen Farben zu verfertigen, nämlich kleine Kästchen, Schachteln, Dosen, Scherenfutterale und dergleichen. Ich sah also ein, daß wenn ich von den Oberen des heiligen Offiziums die Erlaubnis erwirken könnte, ebenfalls dergleichen Arbeiten zu machen, dies zugleich eine Gelegenheit sein würde, einige kleine Instrumente zu erhalten, als Schere, Federmesser, Nähnadeln, Faden, Leim, oder wenigstens Kleister um die Pappenkästchen zu leimen, die den Hauptstoff zu diesen Spielereien ausmachen. Das Schwierigste war, diese Erlaubnis zu erhalten, die man mir wahrscheinlich nicht erteilen würde, wenn ich nicht irgendeine neue Erfindung angäbe, um meine Arbeit zu empfehlen. Hierauf war mein ganzes Nachdenken gerichtet, und ich glaubte in diesem Fach etwas erfunden zu haben, das noch niemand vorher gefertigt hätte. Wirklich fing ich an mit der Stecknadel meines Hemdkragens und einem kleinen Stück Bleistift, das nicht größer als ein Nagel war, welches ich in einer meiner Taschen gefunden hatte, auf einem Blatt Papier die Abbildung meiner Erfindung zu entwerfen, welche ich nach Verlauf eines Monats zu Ende brachte; ich gab diesem meiner Arbeit den Namen des indianischen Stichs, um sie von dem ungarischen und französischen Stich zu unterscheiden, in welchen die anderen Gefangenen arbeiteten.

Der erste Mönch, welcher den Pater Kommissar begleitete, der alle acht Tage Visitation hielt, und welchem die Gefängniswärter, die mir etwas Stroh gegeben, gesagt hatten, ich hätte eine kleine Arbeit begonnen, verlangte gleich solche zu sehen. Er fand sie so gut, daß er sie mit sich nahm und den übrigen Gefangenen zeigte, die in Stroh arbeiteten. Nach acht Tagen brachte er mir dieselbe wieder, wobei ich Gelegenheit nahm, ihn um die Erlaubnis zu bitten, ebenfalls dergleichen Arbeiten verfertigen zu dürfen. Er erwiderte, dies sei in den geheimen verschlossenen Zimmern nicht erlaubt, aber, um mir gefällig zu sein, wolle er bei der Kongregation anfragen und sich bemühen, mir diese Gunst zu verschaffen. Wenn ich mich indessen mit Zeichnen unterhalten wolle, so sei mir dies gestattet, und man erlaube mir Bleistift, Papier und alles was ich nötig habe, um Bildnisse oder andere Bilder zu zeichnen. Ich dankte ihm verbindlichst für diese Gunst, die ich indessen annähme, bis sein Fürwort mir die gebetene Erlaubnis zu den Stroharbeiten verschafft haben würde. Diese erhielt ich indessen erst sechs Monate später.

Ich fing also an zu zeichnen und fertigte nach meiner Phantasie eine große Anzahl kleine Bilder, so daß ich im Zeichnen wieder eine große Fertigkeit erlangte, ob gleich ich es seit 15 Jahren nicht getrieben hatte. Die große Menge kleiner Bildnisse, welche ich fertigte, fiel den Kerkerknechten in die Augen, welche mir zu essen brachten und täglich viermal das Gefängnis besuchten. Ich gab ihnen von Zeit zu Zeit einige, um ihre üble Laune zu besänftigen.

Einst geschah es, daß einer der Wächter entfernt wurde und ein anderer an seine Stelle kam. Dieser war ein großer Säufer, grob und frech, wie alles dies auch seine Physiognomie ausdrückte. Als dieser Kerl mich an den kleinen Bildern arbeiten sah, so bildete er sich ein, ich könne ihm auch wohl ein Bildnis seiner Geliebten verfertigen, obgleich ich solche nie gesehen hatte. Er verfolgte mich täglich mit dieser Bitte und beteuerte, daß er mir ewig dankbar sein würde. Seine Einfalt erschien mir lächerlich, da ich aber hoffte ihn zu meinen Absichten benutzen zu können, so erwiderte ich, daß ich ihm sehr gern dieses Vergnügen machen würde, wenn er mir nur ein Federmesser verschaffen wolle, ohne welches ich meine Federn nicht mehr brauchen könne. Er antwortete, ich wisse wohl, wie streng dieses verboten sei, aber er wolle mir dennoch eines bringen, wenn ich verspräche, es ihm am anderen Tag zurückzugeben. Er brachte es wirklich, ich schnitt meine Federn und zeichnete nach meiner Phantasie eine kleine Figur im römischen Kostüm. Als er die Zeichnung sah, war er sehr erfreut und schwur, dies sei sein Mädchen leibhaftig und man könne gar nichts Ähnlicheres sehen. Um das große Werk vollkommen zu machen, bat er mich, zu diesem Bild ein Billet voll Zärtlichkeitsversicherungen an seine Geliebte aufzusetzen, so daß ich aus einem Sekretär von Kardinälen der Maler und Vertraute eines Kerkerknechts ward, des niederträchtigsten und boshaftesten Volks auf der Erde. Aber die Komödie war noch nicht aus.

Ich war täglich den Zudringlichkeiten und Vertraulichkeiten dieses Menschen ausgesetzt, indem er mich entweder von seinen Lustpartien oder Eifersuchtsqualen unterhielt, oder mich von neuem mit Bitten verfolgte, ihm Bildnisse zu verfertigen oder Briefe zu schreiben. Was mußte ich nicht alles tun, um das Federmesser behalten zu können, und wie sehr mußte ich mich bemühen, die Gunst dieses rohen Menschen zu erhalten? Aber eines Tages änderte der Zufall die Sache; dieser Kerl bekam Händel im Wirtshaus, er schoß auf seinen Gegner eine Pistole ab, die letzteren zwar nicht verwundete, aber der Vorfall wurde angezeigt, und mein Kerkerwärter ward aus dem Dienst der Inquisition entlassen. Indessen erinnerte er sich einige Tage nachher des Federmessers, das er in meinen Händen gelassen, und in der Furcht, daß ihm dies noch Unannehmlichkeiten zuziehen könne, bat er einen anderen Gefängniswärter, es von mir wieder zu verlangen. Da ich indessen wohl wußte, daß er nicht mehr zu mir kommen dürfe, leugnete ich ihm das Messer gänzlich ab, und behauptete, es ihm wieder zurückgegeben zu haben. Ich nahm zugleich eine zornige Miene an und sagte, wenn er es in der Trunkenheit, in welcher er sich damals befunden, irgendwo liegengelassen, so sei es nicht meine Schuld. Auf diese Art behielt ich dieses mir so wichtige Federmesser, verbarg es als ein kostbares Kleinod mit der äußersten Sorgfalt, von dem ich dereinst meine Rettung hoffte.

Indessen waren wieder einige Monate seit meiner Einkerkerung verflossen, ohne daß mein Prozeß im mindesten vorgerückt wäre. Es war jetzt die Zeit wo die Kongregation die Gefängnisse visitierte, was zweimal im Jahr geschah, nämlich zu Weihnachten und zu Ostern. Sämtliche Gefangene mußten sich dann in den großen Saal begeben, und hier hatte ich Gelegenheit meine Freunde zu sehen, die aus gleicher Ursache, wie ich, verhaftet waren. Sie wunderten sich sehr, mich wohlaussehend zu finden, da ich zur Zeit meiner Freiheit kränklich und elend war; ich hatte im Gefängnis zugenommen und mein Gesicht zeugte von guter Gesundheit; sie hingegen fand ich zu meinem Bedauern sehr mager, entstellt und kaum kenntlich.

Um diese Zeit starb der Assessor des heiligen Offiziums, Herr Piazza, und Herr Bernini, ein geheimer Feind des Hauses Gabrieli, folgte ihm in dieser Stelle. Auch starb Papst Alexander VIII. und unser Prozeß blieb abermals liegen bis zur Wahl Innozenz' XII., der ihm folgte. Jeder von uns hoffte von der Gnade dieses gütigen Papstes eine großmütige Verzeihung, aber die Angaben des neuen Assessors waren so ungünstig für uns, daß alle unsere Hoffnungen getäuscht wurden.

Nach Verlauf von 22 Monaten wurden wir endlich gerichtet, aber obgleich die Exkommunikation nicht über uns verhängt ward, so verurteilte man uns doch zu ewigem Gefängnis, jedoch behalte sich die Kongregation vor, diese Strafe gänzlich oder teilweise zu mildern. Vorher aber sollten wir noch eine Zeitlang Buße tun durch vieles Fasten und Beten, sodann ward uns aufgegeben, öfter zu beichten und viermal im Jahr zu kommunizieren.

Dieses Urteil setzte uns alle in die größte Bestürzung, denn der älteste von uns, den Abbé Oliva ausgenommen, war nicht älter als 32 Jahre, und das Beste, was wir zu hoffen hatten, war demnach etwa nach Verlauf von 15-20 Jahren aus dem Kerker zu kommen. Wenn man in so langer Zeit gänzlich in Vergessenheit gekommen ist, so weiß ich nicht, ob es wünschenswert ist, mit 50 oder 60 Jahren endlich aus diesem lebendigen Grab herauszutreten. Was mich betrifft, so würde ich gewiß, wenn mir Gott nicht die Idee zur Flucht eingegeben hätte, worin er mich sichtbar unterstützte, die Kongregation nach Verlauf so vieler Jahre Gefangenschaft gebeten haben, den Rest meines Lebens darin beschließen zu dürfen, um nicht in einem unglücklichen Alter neuen Leiden ausgesetzt zu sein. Denn so kostbar auch die Freiheit sein mag, so ist es doch sicher, daß wenn man sie erst in den sechziger Jahren erhält, und alles des Seinigen beraubt ist, sie uns wenig Trost und Ersatz in den Leiden gibt, welche Armut und Alter mit sich führen.

Hier bat ich Herrn Pignata sehr dringend, mir die Ursachen seiner Gefangenschaft zu entdecken, aber er weigerte sich hartnäckig und da er mich nur von seiner Flucht unterhalten wollte, so fuhr er folgendermaßen fort:

Mein ganzer Trost bestand jetzt in der Hoffnung zur Flucht. Ich sah freilich darin fast unübersteigliche Hindernisse, aber diese schreckten mich nicht ab, und ob ich gleich wußte, daß es noch niemanden gelungen war, aus diesen Kerkern zu entfliehen, so verlor ich dennoch den Mut nicht und linderte meine Leiden Tag und Nacht durch das Nachdenken auf Mittel um damit zustande zu kommen.

Endlich, nach Verlauf von sechs Monaten erhielt ich die Erlaubnis in Stroh zu arbeiten, und um dasselbe zu schneiden, gab man mir die kleine Schere wieder, welche sich in meiner Tasche befunden hatte, als ich gefangengenommen wurde, und welche mir dazu diente, meine Bande zu lösen und mir das Gefängnis zu öffnen.

Hier zog Herr Pignata die nämliche Schere aus der Tasche, um sie mir zu zeigen. Die war so klein, daß ich mich nicht genug wundern konnte, wie man mit einem so schwachen Instrument ein solches Unternehmen zustande bringen konnte.

Dies ist, sagte er, der Schlüssel zu meiner Befreiung und ich werde sie mein ganzes Leben lang mit der Sorgfalt aufbewahren, als wäre sie ein kostbarer Schatz.

Hierauf fuhr er in seiner Erzählung also fort:

Ich war bemüht, meinen ersten Stroharbeiten eine dem Auge gefällige Form zu geben, ohne die Art ihrer Zusammensetzung erraten zu lassen. Sobald ich solche vorzeigt, erhielten sie den größten Beifall, nicht bloß wegen ihrer Neuheit, sondern weil sie wirklich viel schöner waren, als die der anderen Gefangenen. Ich verfertigte ein Stück von Pappe, in Form einer Urne, die sich von vorn und von oben öffnen ließ und inwendig einen Spiegel, ein Schreibzeug und alles was zu einer Damentoilette nötig ist, enthielt. Sie war von außen ganz von Stroh bedeckt und mit kleinen Figuren und Federzeichnungen geziert, die, symmetrisch gestellt, dieser Arbeit ein sehr schönes Ansehen gaben.

Zur Vervollkommnung meiner Arbeiten bat ich ferner mir feine Farben kaufen lassen zu dürfen, um sie illuminieren zu können, welche ich auch erhielt. Es war dabei besonders meine Absicht viel Bleiweiß zu erhalten, denn ich dachte mit Papier, das damit angestrichen würde, die Löcher in der Mauer zu bedecken, die ich allenfalls machen könnte, um meine Entweichung zu bewirken. Als ich diese Farben erhalten hatte, so fing ich an mit der Feder einige Bilder zu zeichnen, die ich mit Blumen schmückte, sodann kleine Figuren in Miniatur, die ich auf die Strohkästchen pappte. Mit diesen Arbeiten machte ich zuweilen kleine Geschenke an verschiedene Personen, wenn sich dazu Gelegenheit fand.

Infolge des über uns gefällten Urteils gab man uns die Absolution und wir erhielten die Erlaubnis alle Feiertage in die Messe zu gehen, und alle 14 Tage zur Beichte und Kommunion. Hier hatte ich Gelegenheit unter mehreren anderen Gefangenen auch diejenigen zu sehen, über welche die nämliche Sentenz, als über mich, ergangen war. Ich fand sogar Gelegenheit, mit einem alten Freund, namens Philipp Alfonsi, mit welchem ich im römischen Kolleg studiert hatte, zu sprechen und ihm heimlich ein Billet zuzustecken. Das wichtigste was wir uns schrieben, betraf den Versuch, ob wir nicht die Erlaubnis erhalten könnten, in einer Kammer zu wohnen, denn wenn man Gesellschaft hat, so findet man das Leben im Gefängnis weniger traurig. Wir beschlossen diese Gunst gemeinschaftlich vom Kommissar zu erbitten, der auch solche endlich nach vielen Bitten und erhobenen Schwierigkeiten bewilligte. Diese Erlaubnis machte mir eine große Freude, denn ich erhielt die Gesellschaft eines verständigen und treuen Freundes, der mein trauriges Schicksal teilte, und ebenso sehr als ich, begierig war, unsere Flucht zu bewerkstelligen. Kaum war er demnach in einem Zimmer mit mir, als wir allein unsere Gedanken darauf richteten, unser Unternehmen mit möglichster Sicherheit und Klugheit auszuführen.

Während der ganzen Zeit meiner Gefangenschaft hatte ich mich nur ein einziges Mal bei dem Pater Superior beschwert, und zwar über einen gewissen Laienbruder, namens Stefano Pierotti aus Basko im Mailändischen, welcher das Amt eines Zahlmeisters des Kommissars der Mönche und der Gefangenen versah. Ich nannte ihn im Scherz Fra Stoppino (Bruder Stoppino) wegen seines kleinen Wuchses, und seitdem nannten ihn alle übrigen Gefangenen bei diesem Namen. Meine Klage gegen ihn bestand darin, daß er in der Rechnung meiner kleinen außerordentlichen Ausgaben 2 spanische Pistolen für Artischocken und zwar im Monat Mai für mich angesetzt hatte. Dies schien mir so übertrieben und seltsam, daß ich mich nicht enthalten konnte, es dem Pater Superior anzuzeigen und ihm zu sagen, daß Bruder Stefano ein Betrüger sei. Dies zog ihm einen sehr starken Verweis vom Kommissar zu, worüber er sehr beunruhigt war, indem er fürchtete, ich möchte meine Klage bei der bevorstehenden Visite der Kongregation erneuern. Er erzeigte mir daher allerlei Höflichkeiten und machte mir selbst von Zeit zu Zeit frische Früchte zum Geschenk, wie sie die Jahreszeit brachte.

Da Bruder Stefano meine illuminierten Bilder gesehen hatte, die er sehr schön fand, so ließ er mich fragen, ob ich ihm nicht einige dergleichen für einen Altar verfertigen und wieviel ich dafür haben wolle? Ich verlangte 10 Pistolen, aber nach vielem Handeln bot er mir acht, und erklärte, daß er das Pergament, das Gold und die Farben dazu liefern wolle. Ich gab ihm das Verzeichnis dessen, was ich dazu bedürfe, und setzte mehr Bleiweiß an, als von allen anderen Farben. Ich fing nun an zu arbeiten, und nach 25 Tagen war alles fertig. Dies Geld fiel zwar größtenteils in die Kasse des Bruders Stoppino, indem alle unsere Ausgaben durch seine Hände gingen, indessen hatte ich doch den großen Nutzen dabei, viel Pergament und Farben zu erhalten, ein Bedürfnis, das mir in meinem großen Vorhaben sehr zustatten kam.

Zu dieser Zeit machte man die Bemerkung, daß die Mauern des Hauptgebäudes, worin sich unsere Kammern befanden, ungefähr um einen halben Schuh von den Grundmauern gewichen waren. Der Architekt, welcher sie untersuchte, erklärte, wenn man sie nicht herstelle, so müsse das Gebäude einstürzen. Die Kongregation beschloß demnach, daß die Arbeit unternommen werden solle, ließ eiserne Bänder und Klammern in die Mauern setzen, und sie so befestigen. Da man aber die Erde an den Grundmauern aufgraben mußte, wo sich unsere Kammern befanden, und die Feuchtigkeit unserer Gesundheit sehr nachteilig werden konnte, so befahl die Kongregation uns auf der anderen Seite unterzubringen, wo wir etwas mehr Freiheit erhielten.

Man kann sich vorstellen, wie erfreulich uns diese Veränderung war. Wir befanden uns in einer gesünderen Luft, und hatten einen Garten mit Springbrunnen vor uns. Man konnte sich zuweilen mit den anderen Gefangenen aus dem Fenster unterhalten; man konnte täglich zur Messe gehen und einen kleinen Spaziergang durch diesen Hin- und Herweg abstehlen, was für arme Gefangene, die bisher gänzlich eingeschlossen waren, eine große Erleichterung gewährte; übrigens sahen wir diesen freieren Ort, als einen ersten Schritt zu unserer gänzlichen Befreiung an. Aus diesem Grund vergaßen wir fast unseren Plan zu entfliehen, indem wir hofften, nach fünf oder sechs Jahren dieser Gefangenschaft endlich durch unsere Ergebung in den Willen der Mächtigen unsere Freiheit wiederzuerlangen.

Da wir jetzt weniger eingeschlossen waren, fielen mir einige Kupferstiche in die Hände, worunter auch einer von dem Maler Giorgio Vasari, welcher die heilige Empfängnis und die heilige Jungfrau in den Wolken darstellte, umgeben von den Engeln, wie sie mit dem Fuß die Schlange zertritt, welche sich um den Baum des Lebens schlang, an dessen Fuß Adam und Eva als Sklaven gefesselt waren. Es kam mir die Lust an, diesen Kupferstich ganz mit der Feder nachzuzeichnen und ihn dem Kloster von der heiligen Empfängnis auf dem Campo Marzo zu weihen. Ich wendete daher alle meine Kunst an, in dem Vertrauen, durch diese Arbeit meine Freiheit zu erhalten. Meine Hoffnungen waren nicht vergeblich, denn nach einer Arbeit von 18 Monaten und 10 Tagen, nachdem ich es der Kirche gewidmet, erhielt ich die Aussicht meine Freiheit wiederzuerhalten und die Vorsehung führte mich dazu auf wunderbaren Wegen.

Wir wohnten seit 5-6 Monaten in den erwähnten neuen Gemächern und glaubten immer darin bleiben zu dürfen, weil bei der letzten Besichtigung von Seite der Kongregation zu Weihnachten, man uns darin ließ, obgleich unsere früher bewohnten Kammern wiederhergestellt waren. Was uns noch mehr in dieser Meinung bestärkte, war, daß einer von den unsrigen das ganze Haus des heiligen Offiziums zum Gefängnis erhielt und überall darin umhergehen konnte. Dies machte uns allen Hoffnung bald gänzlich freigelassen zu werden. Aber es fügte sich ganz anders. Indessen ermangelte ich nicht, mich dennoch auf jeden Fall mit allem zu versehen, was ich zur Vollführung meines ersten Plans für nötig hielt, im Fall ich genötigt wäre, denselben wieder aufzunehmen. Ich setzte demnach meine Stroharbeiten fleißig fort, illuminierte, zeichnete mit der Feder, und erteilte selbst auf Verlangen Unterricht in allem diesen. Der Zufall wollte, daß alle die kleinen Gegenstände, welche ich damals beiseite tat, mir sehr nützlich wurden. Auch traf es sich, daß ein Gefangener wünschte, ich möchte ihm in Kreide eine Muschel nach Art der Pilger von St. Jakob ins Hohle ausgraben, um danach ein Modell in Gips zu fertigen und über dasselbe Dosen von gestempelten Papier abzuformen. Er lieferte mir dazu eine Menge Kreide, die mir in der Folge sehr zustatten kam.

Da wir einige Freiheit hatten, mit den anderen Gefangenen aus dem Fenster zu reden, so hatte ich eines Tages eine ziemlich lange Unterhaltung mit einem französischen Priester, Herrn Francois Paget, der für einen sehr gelehrten Mann gehalten wurde und sechs Sprachen vollkommen verstand. Er sah mich dabei genau an und sagte: nach den Linien meiner Stirn zu urteilen, dürfte ich nicht lange mehr im Kerker bleiben und wenn ich versuchte herauszukommen, so würde es mir glücken; wenn aber mein Freund Alfonsi diesen Versuch wagen wollte, so liefe er Gefahr ein Bein zu brechen. Ich schätzte die Gelehrsamkeit Pagets, aber ich maß diesen Äußerungen keinen Glauben bei. Ich erwiderte ihm, daß ich auf solche Wahrsagungen nichts halte, und keineswegs Lust habe, eine so unmögliche Unternehmung zu wagen, jedoch hoffte ich, Gott werde mich doch dereinst aus diesem Unglück glücklich herausführen.

Indessen erlitten wir bald darauf eine schreckliche Veränderung in unseren Verhältnissen. An einem Donnerstag öffnete man die Tür von der Gartenseite her, die zu dem

Hauptgebäude führte, in welchem wir uns befanden. Alle Gefangenen waren natürlich sehr neugierig und stellten sich ans Fenster; der Gefängniswärter begab sich nach der Zelle des Herrn Molinos und führte ihn kaum halb angekleidet weg. Die Neugierde zu erfahren ob Herr Molinos wiederkommen würde, hielt uns am Fenster zurück und jeder stellte darüber Mutmaßungen auf, aber bald kam der Wärter wieder und ging gerade nach meiner Kammer, die er aufschloß und mir befahl ihm zu folgen, wie ich da wäre, ohne etwas mitzunehmen. Ich war im Schlafrock und in diesem Aufzug führte er mich zum Oberkommissar, der mit teilnehmender Miene mir Folgendes sagte: „Herr Pignata es tut mir leid, Ihnen sagen zu müssen, daß Sie nach Ihrem vorigen Gefängnis zurückkehren müssen. Es ist Sr. Heiligkeit, ich weiß nicht durch wen, hinterbracht worden, daß die vorigen Zellen in diesem heiligen Haus wiederhergestellt sind und ich soll diesen Vormittag noch dem Papst anzeigen, daß seine Befehle vollzogen worden. Ertragen Sie mit Standhaftigkeit diese neue Ungnade, fügen Sie sich in den Willen Gottes und vertrauen Sie seiner Barmherzigkeit. Dieses sei Ihr Trost." Mit einem leiseren Ton, sagte er hinzu: „Gott verzeihe dem, der davon die Ursache ist." Ich antwortete: „Ich nehme alles, was von Sr. Heiligkeit kommt, mit Unterwerfung an, und indem ich glaube, daß sein Wille von dem heiligen Geist ihm eingegeben sei, so werde alles nur zu meinem Glück und Heil dienen, indessen bitte ich Se. Ehrwürden, daß er die Güte habe, mir die kleinen Annehmlichkeiten, die ich besäße, nämlich die Gegenstände zu lassen, die zu meinen Stroharbeiten dienten, damit ich doch auf einige Art in der traurigen Lage mich unterhalten könne, in die ich wieder zurückversetzt würde." Er bewilligte mir das mit vieler Güte und am nämlichen Morgen erhielt ich alles mit meinem Koffer, selbst die ausgehölte Kreide, die ich für den erwähnten Gefangenen bereitet hatte. Das Nämliche geschah auch den übrigen Gefangenen, und in weniger als einer Stunde waren wir wieder in unseren früheren Zellen eingesperrt.

Als ich diese unerwartete und unglückliche Veränderung überdachte, so fand ich, daß, anstatt durch diesen scheinbaren Eifer für das Glück unserer Seele dieses zu befördern, man dadurch zur Verzweiflung gebracht werden könnte, und aus Furcht in dieser grausamen Lage zu unterliegen, beschloß ich, selbst mit Gefahr meines Lebens, zu fliehen; ich wollte mich lieber einmal in die Gefahr begeben, es zu verlieren, als eines langsamen Todes zu sterben. Alfonsi war derselben Meinung und da sein Zimmer an das meinige stieß, so unterhielten wir uns alle Nächte von unserem Plan und verabredeten aufs neue anzuhalten, daß wir ein Zimmer bewohnen dürften vorzüglich aber wünschte ich in ein Zimmer zu kommen, das gerade im Eck des Gebäudes und dem Portal der St.-Peters-Kirche gegenüber lag. Wir baten so inständig darum, daß man uns endlich das gewünschte Zimmer gab. Als ich mich zuerst darin sah, war meine Freude so außerordentlich, daß ich glaubte meine Ketten schon gebrochen zu sehen und kein Hindernis stehe meiner Befreiung entgegen.

Ich fragte hier den Herrn Pignata, warum er denn vorzüglich dieses Zimmer gewünscht habe, er sei doch darum nicht minder im Gefängnis gewesen?

Dies geschah, erwiderte er mir, aus dem Grund, weil dieses das einzige war, das außen weder Graben noch jene Mauer hatte, welche immer 30-40 Schuh hoch ist, so daß wenn ich einmal die Mauer durchbrochen haben würde, um zu fliehen, ich mich in der Straße befunden hätte und nicht zwischen Mauern und Graben, wie dies bei jedem anderen Zimmer der Fall gewesen wäre. Noch mehr, wir hatten dadurch gewissermaßen drei Zellen und noch dazu sehr bequeme. Die erste war sehr klein und diente zum Durchgang, die zweite größere, war sehr dunkel und erhielt ihr Licht nur von der dritten, welche ein Fenster hatte, das auf den Hof ging, wovon ich Ihnen sagte; diese Dunkelheit der zweiten Zelle, welche in der Tat sonst beschwerlich war, war jedoch sehr günstig für unsere Pläne, denn, wenn wir irgendeine Öffnung in der Mauer darin vornehmen wollten, so wurde sie dadurch sehr verborgen gehalten.

Zu dieser Zeit kam mein Bruder, der zu Grätz im Dienste des Fürsten von Eggenberg war, nach Rom, teils um unsere Familienangelegenheiten etwas zu ordnen, teils um meine arme Mutter zu trösten, die wegen der Abwesenheit meines Bruders und wegen meiner Gefangenschaft sehr betrübt war. Er blieb einige Wochen zu Rom und beschloß sodann meine Mutter mit nach Deutschland zu nehmen, wie er auch wirklich tat. Meine alte 80jährige Mutter bat die Kongregation mich vor ihrer Abreise nur einen Augenblick sehen zu dürfen, was ihr auch bewilligt ward, weil es bei ihrer Hinfälligkeit wahrscheinlich das letztemal in ihrem Leben war. Sie kam in Begleitung meines Bruders, aber es flossen bei dieser Zusammenkunft mehr Tränen, als Worte gesprochen wurden. Ich empfing sie im Zimmer des Pater Kommissars. Mein Bruder gab mir die größten Beweise seiner brüderlichen Liebe und schenkte mir zum Andenken einen schönen Smaragdring, der mit Diamanten besetzt war, welchem Geschenk er noch einige Doppeldukaten beifügte.

Man erlaubte mir zwar den Ring zu behalten, das Geld mußte ich jedoch dem Pater Kommissar einhändigen, welcher bei der Zusammenkunft zugegen war. Es ist nämlich verboten, daß die Gefangenen Geld besitzen, indessen wird das Geld derselben treulich aufbewahrt und nach den Wünschen der Gefangenen verwendet. Meine Mutter schwamm in Tränen und ermahnte mich der Geduld und daß ich mich nicht der Verzweiflung überlasse; mein Bruder tat ein Gleiches und versicherte mich, daß er sich bemühen werde mir dringende Empfehlungen zu verschaffen; er glaubte mich dadurch zu trösten, aber ich sagte ihm, daß ich nur auf Gott vertraue der mich aus diesem Elend erlösen würde. Diejenigen, welche die Zärtlichkeit einer Mutter kennen, und die Liebe eines Bruders, mögen ermessen, mit welchem Schmerz sie sich von meinem Hals losrissen. Die tiefste Betrübnis endigte diesen traurigen Besuch; sie verließen mich untröstlich und weinten, daß Steine erweicht worden wären. Ich verließ sie tief gerührt und kehrte in meine Kammer zurück. Hier bat ich Gott um Stärke und Standhaftigkeit und um eine glückliche Eingebung zur Vollführung meines Plans.

Die größte Schwierigkeit aber für Alfonsi und mich war der Umstand, daß wir gar kein Instrument hatten, um eine sechs Schuh dicke Mauer zu durchbohren. Ich besaß nichts als einen Nagel, ein Federmesser und eine Schere; aber wie wäre es möglich gewesen, damit ein Loch in eine so dicke Mauer zu machen, daß ein Mensch hindurch könne? Endlich um ein größeres und längeres Stück Eisen zu erhalten, ohne Verdacht zu erregen, ersann ich einen seltsamen Vorwand.

Gewöhnlich alle acht Tage hielt der Pater Prior, der Begleiter des Inquisitors, Visitation der Gefangenen, um zu sehen, ob sie etwas bedürfen und sie mit schönen Worten zu trösten. Als er demnach eines Tages zu diesem Zweck uns besuchte, zog ich ihn beiseite, um ihm mein Geheimnis anzuvertrauen und bat ihn mir eine Gnade zu erzeigen. Er erwiderte: „Sagen Sie mir, was Sie begehren und worin ich Ihnen gefällig sein kann." Ich erzählte ihm nun, daß ich durch die Tortur, welche ich ausgestanden, zu einem Leibesschaden gekommen sei; bisher hätte ich aus Scham davon geschwiegen, da aber dieses Übel gefährlicher werden könne, wenn ich es vernachlässigte, so bitte ich ihn sehr mir eine Bandage machen zu lassen. „Ja, mein Sohn", sagte er, „ich werde den Wundarzt schicken, um Sie zu besichtigen und es soll alles geschehen, um Sie herzustellen." Der Wundarzt kam, und weil ich wirklich auf einer Seite eine Anschwellung hatte, so glaubte er um so mehr das Übel sei vorhanden, als ich mich stellte große Schmerzen zu leiden, während er mich untersuchte. Er bewilligte also die Bandage, und ich bat ihn sehr dringend, daß das Eisen daran stark und dauerhaft sei, damit ich nicht abermals darum bitten müsse, da es, wie er wisse, immer mit Schwierigkeiten verbunden sei, eine neue Bandage zu erhalten, oder sie ausbessern zu lassen. Der gute Wundarzt versprach es mir und empfahl sich mit vielen Reverenzen und Höflichkeitsbezeugungen.

Aber welchen Gebrauch, fragte ich Herrn Pignata, konnten Sie von einer Bandage machen?

Einen sehr nützlichen, erwiderte er, denn da dergleichen Bandagen gewöhnlich mit einem eisernen Reif versehen sind, so kann ich mit diesem langen Stück Eisen, wenn ich es gerade biege, den Kalk zwischen den Steinen herauskratzen und sie so nach und nach aus der Mauer herausziehen. Ich erhielt die Bandage nach 14 Tagen und legte sie sogleich an und um meine List noch mehr zu verbergen, ließ ich sie zuweilen den Wächter sehen. So hoffte ich in meinem erdichteten Unglück ein Hilfsmittel gegen ein wirkliches erhalten zu haben, und es schien nur von guter Vorbedeutung für das Gelingen meines Plans, daß mich das Glück begünstigte, indem ich ein Werkzeug erhielt, dessen ich so sehr bedurfte. Indessen fehlte uns doch noch ein stärkeres Eisen, um in die Mauer zu dringen, die mehr als sechs Fuß dick war, eine Schwierigkeit, die mich sehr in Schrecken setzte. Jedoch setzten wir unser Vertrauen auf die Vorsehung. Wir verdoppelten daher unsere Gebete, daß uns Gott erleuchten möge, wenn unser Vorhaben nicht dem Heil unserer Seele entgegen sei, und uns den sichersten und leichtesten Weg zu unserer Erlösung zeige.

Am 15. August, dem Maria Himmelfahrtstag, nachdem wir gebeichtet und kommuniziert hatten, beteten wir inbrünstig zu Gott um Hilfe und Beistand zu unserem Vorhaben. Hier hatten wir Gelegenheit die Größe seiner Gnade anzubeten, denn an demselben Abend, als wir zu Bett gegangen waren, und nochmals den heiligen Geist um Erleuchtung angerufen hatten, kam mir der Gedanke ein, gleichsam als wenn man es mir gesagt hätte: „Warum willst du eine so dicke Mauer durchbrechen, und nicht vielmehr jene der Decke?" Ich überlegte und fand wirklich, daß wenn wir die Decke unseres dunklen Zimmers durchbrächen, so könnten wir in das Zimmer, oberhalb des unsrigen gelangen, dessen Fenster keine Gitter hatten, und gerade auf die Straße gingen. Voller Freude sprang ich aus dem Bett, weckte meinen schlafenden Freund und sagte ihm: „Was würdest du mir geben Philippo, wenn ich dich binnen zwei Stunden aus dem Gefängnis des Offiziums befreite?" Er antwortete mir noch halb im Schlaf, ich sei ein Narr, und ich möchte ihn ruhen lassen. „Höre mich", sagte ich, „es ist kein Traum, es ist eine göttliche Eingebung; du weißt, daß über deinem Bett, die Mitte des Gewölbes ist, und da die dicksten Gewölbe, in der Mitte nicht mehr als zwei Schuh Dicke haben, so können wir es in zwei Stunden durchbrechen; wir müssen es daher mit der Mauer unterlassen und dafür das Gewölbe durchbohren, denn mit der Mauer werden wir unter zehn Monaten nicht zu Ende kommen."

„Du hast nicht Unrecht", erwiderte Alfonsi, „denn es ist richtig, daß wenn wir das Gewölbe durchbrechen, wo es sehr finster ist, so geschieht das an einem Ort, wohin die Wächter niemals ihren Blick richten werden; indessen ist es tiefer zum hinuntersteigen."

„Das tut nichts", erwiderte ich ihm, „denn wer 30 Fuß sich herabläßt, kann auch 60 Fuß herabsteigen, es gehört dazu nichts, als daß der Strick länger sei."

Er fand dies so gut, daß er sogleich aus dem Bett sprang; wir warfen uns beide im Hemd, wie wir waren, auf die Knie und sangen mit leiser Stimme ein Tedeum, um nicht gehört zu werden.

Am folgenden Morgen sehr früh maßen wir mit einem Besenstiel die Höhe des Zimmers und fanden, daß es 17 Fuß hoch war; um ein Gerüst zu machen, auf welchem man bis zur Decke reichen könne, schlug ich vor, unser Hausgerät zu verwenden, nämlich unsere Bettstellen, unsere Tische und Stühle. Ich nahm davon das Maaß, und fand, daß alles sich gut schicke. Es mußten demnach die Bettstellen eine auf die andere gesetzt, hierauf zwei Tische, einer neben den anderen gestellt werden, um einen dritten Tisch darauf zu setzen und auf diesen einen unserer Stühle, der fast bis zur Decke reichte. Um das Geräusch von den fallenden Steinen und dem Kalk zu verhüten, beschlossen wir unsere Matratzen und Bettdecken auf und um den Tisch zu legen, was eine sehr nötige Vorsicht war. Da aber der Pater Kommissar über unserem Zimmer schlief, so mußten wir die Kälte abwarten, wo er sein Winterlogis zu beziehen pflegte, wie jährlich geschah. Wir mußten daher unsere Ungeduld ein wenig bezähmen. Auch mußten wir abwarten, bis die Tore der Stadt und die Straße nach Neapel wieder geöffnet wurden, die wegen der dort herrschenden Pest geschlossen waren. Dies geschah zum Glück sehr bald, da diese Krankheit dort schon im Abnehmen war.

Wir fingen indessen an alle Vorbereitungen zu unserer Flucht zu machen. Es ward beschlossen, daß ich mich als Eremit kleiden und einen Teil meiner Kleider, nämlich meine Perücke und meine Weste, meinem Gefährten abtreten sollte. Schon hatte ich seit einiger Zeit eine weiße wollene Decke in meinem Strohsack versteckt, um mich dieser bei Gelegenheit zu bedienen. Ich machte ferner eine Laterne von Pappe, die ich inwendig mit Tinte schwärzte, und von außen weiß ließ; ich tat eine von den Muscheln hinein, worin sich meine Farben befanden, goß Öl hinein und dazu einen Docht, den ich von Baumwolle aus meinem Schlafrock verfertigt hatte. Ich zündete diese Lampe an, um uns das Licht für die Nacht zu ersparen, ohne daß die Wärter es merkten, die alle Abend kamen, um das Licht auszulöschen. Ich suchte ferner einen großen Vorrat von Farben- und Faden unter dem Vorwand zusammenzubringen, eine große Arbeit für die Kongregation zum Weihnachtsfest zu fertigen. Man ließ mir alles reichen, was ich verlangte. Ich dachte auf alles, indem ich nichts vernachlässigen wollte, was uns von Nutzen sein könnte. Mein Geist war stets mit diesen Gedanken beschäftigt und ich kann sagen, daß ich mich selbst peinigte, um uns aus der Sklaverei zu befreien.

Ich sah ein, daß auf Gnade nicht zu hoffen sei, weil wir anstatt einige Erleichterung zu erhalten, im Gegenteil noch enger eingeschlossen wurden, und was mich besonders an unserer Befreiung gänzlich verzweifeln ließ, war ein Gespräch mit dem in Rom sehr bekannten Pater Marchesi. Er war Priester der Kongregation an der Neuen Kirche, Beurteiler ketzerischer Reden am heiligen Offizium, ein Mann von vielen Kenntnissen, berühmter Kanzelredner und sonst ein Mann von tadellosem Betragen. Auf Befehl des Papstes mußten wir, nachdem wir verurteilt waren, bei ihm beichten und es war ihm überlassen uns von allen erdenklichen Sünden zu absolvieren. Nach meiner Beichte sagte er mir, der Papst sei in Hinsicht auf uns unerbittlich, wir möchten uns beruhigen und uns mit keiner Hoffnung schmeicheln, so lange er lebe.

Dem ungeachtet verlor ich den Mut nicht, und es war mir angenehm mich über verschiedene Gegenstände mit ihm unterhalten zu können; ich fragte ihn unter anderem bei Gelegenheit einer Unterhaltung mit ihm, welche Strafe diejenigen erlitten hätten, die es versucht, sich aus den Gefängnissen der Inquisition zu retten?

„Es ist wahr", erwiderte er, „einige haben diesen Versuch gemacht, aber er ist ihnen nicht gelungen, da ein tiefer Graben und eine hohe Mauer dieses Gebäude umgeben."

„Aber was würde dem geschehen, welcher zu entfliehen versuchte?"

„Mein Sohn", sprach er, „einer der fliehen würde, ohne vorher die Absolution empfangen zu haben, würde zum Feuertod verdammt werden, denn dies würde ein Beweis von Unbußfertigkeit sein."

„Aber wenn er vorher absolviert wäre?" fragte ich weiter.

„Dann würde er nur wegen Ausbruch aus dem Gefängnis bestraft werden, denn es ist natürlich, daß man sich der Leiden zu entledigen sucht, unter denen man sich befindet."

Einige Tage nachher besuchte er mich wieder und da ich mich über meine Schmerzen beklagte, so sagte er: Er habe den Papst eine Stunde lang von mir unterhalten, habe ihm geschildert, wie ergeben in seine Verfügungen ich sei, welche Resignation in meinen Reden und Handlungen sich täglich zeige, ich könne für einen gänzlichen Wiedergeborenen gehalten werden, indem ich alle Sünden und Irrtümer abgelegt habe, es wäre daher Schade und selbst eine Sünde, mich aus dem heiligen Ort zu entlassen, welcher eine der schönsten Bekehrungen, die er je gesehen, zur Folge gehabt hätte. Ich sei gleichsam ein Heiliger geworden.

Es ward mir schwer ihn eine sowohl angefangene und so schlecht sich endende Rede vollenden zu lassen, und ich unterbrach ihn mit der Äußerung: „Ach, mein Vater, ich würde gern dieser Heiligsprechung entbehrt haben; ich bitte Sie inständig künftig weniger christliche Liebe für mich zu haben, und nie mehr mit dem heiligen Vater von mir zu reden."

„Ich glaubte", erwiderte er sehr kalt, „für Ihr Bestes zu reden und Ihnen einen wesentlichen Vorteil zu gewähren, wenn ich dazu beitrüge, Sie in diesem heiligen Asyl der Frömmigkeit, der Wahrheit und der Gerechtigkeit zurückzuhalten, entfernt von allen Gegenständen der Verführung, wo Sie weniger den Reizen der Welt und der Verführung zum Bösen ausgesetzt sind, Sie gegen jede Versuchung gesichert und von den Leidenschaften entfernt sind, welche die Menschen beherrschen."

Ich teilte meinem Freund diese fromme Moral mit und indem wir sie nach ihrem wahren Sinn auseinandersetzten, beschlossen wir, da an Begnadigung von seiten dieses unerbittlichen Gerichts nicht zu denken war, uns an das einzige Mittel zu halten, welches uns übrig blieb, nämlich die Flucht.

Das, was uns noch fehlte, war, wie ich schon gesagt habe, ein stärkeres Stück Eisen, als das in der Bandage, das zu dünn und biegsam war, um die Steine aus der Mauer zu heben, und die Backsteine zu zerbröckeln. Als ich aber eines Tages im Zimmer auf- und abging und auf Mittel sann, uns ein starkes Stück Eisen zu verschaffen, warf ich von ungefähr den Blick auf eine Stelle unseres Zimmers, wo ehemals eine Tür gewesen war, und bemerkte zwei starke eiserne, mit Blei eingegossene Türangeln, die in der Mauer steckengeblieben waren. Ich sagte zu Alfonsi: „Wir suchen etwas weit, was wir sehr in der Nähe haben; danken wir dem Himmel, der uns hier das Notwendigste schenkt, dessen wir bedürfen."

„Wo ist es?" fragte er, und ich zeigte ihm die eisernen Türgewinde.

„Das ist wahr", erwiderte er, „die wären uns sehr gelegen, aber wie können wir sie herausbringen?"

„Dafür will ich sorgen", sprach ich, „und wenn es mich einen Arm kosten sollte, so würde ich sie aus ihren Löchern reißen."

Ich fing also an mit der Spitze der Schere den Kalk um sie her wegzukratzen und hernach spritzte ich mit dem Mund Essig darüber, was die Arbeit sehr beförderte, so daß ich nach drei Tagen eine der großen Angeln in der Hand hatte. Damit aber die Aufseher nichts merkten, so feuchtete ich Kreide an, und füllte damit das Loch aus; dann tat ich eine von Pappe künstlich nachgeahmte Angel hinein, die ich eisengrau angestrichen hatte, so daß man sie von der anderen nicht unterscheiden konnte, damit man aber auch die, welche ich aus der Mauer gerissen hatte, nicht finden möge, trug ich solche lange Zeit an der Bandage hängend, wo niemand darauf fiel sie zu suchen.

Zu dieser Zeit begegnete mir ein sonderbarer Umstand. Seitdem ich mich in der Gefangenschaft befand, hatte ich mehrere mal mit dem berühmten Arzt Molinos mich unterhalten. Er drückte mir immer sein Vergnügen aus, wenn er mich sprechen konnte und sagte, daß von allen Gefangenen er mich am liebsten sehe, indem ich in einem so großen Unglück dennoch immer Fassung und guten Mut beweise. Er war ein Gefangener, wie ich, und schien seine Sünden und Vergehen sehr tief zu bereuen. Nachdem ihm verboten worden war, mit den übrigen Gefangenen zu sprechen, fing er an mir kleine Billets zu schreiben, die er mir in die Hand steckte, wenn wir zur Messe gingen. Auf gleiche Weise reichte ich ihm die Antwort. Die seinigen enthielten nichts als Ermahnungen, die Härte der Gefangenschaft mit Geduld zu ertragen, nach dem Beispiel der Heiligen, welche ebenfalls durch Leiden geprüft waren. Der gute Greis hatte die Absicht mich durch die Traurigkeit, welche meine Lage erzeugen konnte, nicht niederschlagen zu lassen, aber zwei Monate vor meiner Entweichung bat er mich in einem seiner Billette um ein wenig Schreibpapier, um eine Schrift zu vollenden, die er zu Ehren der heiligen Jungfrau begonnen hatte, und um ein wenig schwarzen Faden und eine Nähnadel, um seine Strümpfe auszubessern. Ich bereitete alles dies vor, um es ihm am nächsten Sonntag zu geben, steckte es in den Ärmel meines Schlafrockes und gab es ihm mit einem Billet, dagegen er mir ein anderes zusteckte.

Als ich in mein Zimmer zurückkam, las ich dieses Brief-chen, und war sehr erstaunt, darin Folgendes zu finden: „Ich danke Ihnen sehr für das, was ich von Ihnen erhielt, wodurch Sie mir einen großen Trost bereitet haben. Auch ich will meinerseits Sie trösten. Der Trost, welchen ich Ihnen zu geben habe, ist, daß Sie in kurzer Zeit aus diesem Elend werden befreit werden." Nach Lesung dieses Billets wendete ich mich voll Erstaunen zu Alfonsi und fragte ihn, ob er etwa irgend jemand etwas von unserem Vorha-ben vertraut habe? Aber er beteuerte mir, daß er ein Ge-heimnis von solcher Wichtigkeit gewiß nicht über seine Zunge bringen werde. – „Wenn dieser alte Mann", fuhr ich fort, „die Wahrheit sagte, so würde er ein guter Prophet für uns sein, ich glaube aber vielmehr, daß das, was er schreibt, mehr ein guter Wunsch von ihm ist, als eine Nachricht, die er über uns irgendwo erfahren hätte." Al-fonsi war derselben Meinung.

Am anderen Tag antwortete ich Dr. Molinos und dankte ihm für die mir gemachte angenehme Hoffnung einer baldigen Befreiung; sei es nun eine besondere Eingebung, oder aus Teilnahme für mich entsprungen, so sei ich ihm für beides sehr verbunden; sollte er es aber irgendwo gehört haben, so könne ich nichts daran glauben. Ich gab ihm dies Billet auf dem Weg zur Messe und er gab mir dagegen ein anderes, worin er schrieb: „Ich weiß, daß Sie mich fragen werden, von wem ich diese Nachricht habe, daß Sie bald die Freiheit erhalten würden, aber Sie müssen hoffen, ohne sich übrigens darüber zu kümmern." In der Tat, nach 30 Tagen befand ich mich außer dem Gefängnis. Aber ich will zu meiner Erzählung zurückkehren.

Alfonsi und ich hatten oft von dem Weg gesprochen, welchen wir im Fall unserer Flucht nehmen müßten, und wir blieben endlich darauf, das Beste würde sein, uns über Florenz nach Genua zu begeben, von da zu Wasser oder zu Land nach Frankreich zu gehen, wie es eine gute Gelegenheit gäbe, und uns in Marseille oder Lyon so lange aufzuhalten, bis wir unseren Verwandten Nachricht gegeben hätten, um einige Geldhilfe von ihnen zu erhalten. Besonders setzten wir uns vor, nur nachts zu gehen, und am Tag im Wald, in Gräben oder anderen Plätzen uns zu verbergen, um den Nachstellungen der Verfolger zu entgegen. Auch hatten wir oft beratschlagt, wie wir es anfangen müßten, um uns an den Stricken herabzulassen, und wir wußten schon aus Erfahrung, daß es dabei vorzüglich notwendig sei, den Strick wohl mit den Beinen zu umfassen, um sanfter und sicherer den Boden zu erreichen. Dies hatten wir mehrere mal schon versucht, indem wir die Gürtel unserer Schlafröcke an die Eisenstäbe unserer Fenster befestigten, welche sehr hoch waren, und uns daran sanft herunterließen. Alle Versuche dieser Art gelangen uns so gut, daß wir glaubten, wir dürften es auch im Ernst tun.

Da unsere Vorbereitungen so glücklich vonstatten gingen, so ward auch unser Gemüt ruhiger, so daß ich ernsthaft daran ging, die Arbeit zu vollenden, welche ich für den Altar der Nonnen der Kirche St. Marcus bestimmt hatte. Sie ward am 15. Oktober 1693 völlig vollendet. Ich bat nun um Erlaubnis sie ihnen senden zu dürfen und nachdem der Kommissar und die ganze Kongregation das Gemälde einige Tage lang in Augenschein genommen, bewilligte man dieselbe. Am 28. Oktober beichtete und kommunizierte ich und schickte es mit einem höflichen Brief an die Äbtissin dieses Klosters, die mir zwei Tage nachher ein Danksagungsschreiben dafür sandte.

Indessen kam der Monat November und mit ihm der Nordwind, welcher den Pater Kommissar veranlaßte, seine Wohnung zu ändern. Er bezog die Winterwohnung. Wir, die wir unter ihm wohnten, hörten mit dem größten Vergnügen das Geräusch des Umzugs und dankten dem Himmel dafür mit aufrichtigem Herzen. Zum Glück für uns waren an diesem Tag alle Patres, Mitglieder des heiligen Offiziums, bei einer Sitzung im Kloster der Minerva beschäftigt. Sie waren dort wegen des großen Prozesses gegen die Atheisten von Neapel, einer Sache von großer Wichtigkeit, denn man sagte, es wären dabei mehr als 60.000 Personen kompromittiert. Übrigens war dabei noch ein besonders delikater Umstand, indem die Neapolitaner behaupteten, sie wären der Inquisition von Rom nicht unterworfen, sondern bloß den Tribunalen ihrer Bischöfe. Dies kam uns zustatten, indem wir Gelegenheit hatten, mit mehr Muße zum erstenmal unsere Bettstellen und Stühle aufeinander zu stellen, um den ersten Versuch zu machen, das Gewölbe zu durchbohren. Alfonsi stieg zuerst hinauf, und ich stand indessen Schildwache an der Tür, um nicht überfallen zu werden. Er begann mit der Schere und mit einem Nagel zu arbeiten, den ich an einer Tür ausgezogen hatte, welche ausgebessert wurde. Die

Unternehmung kam uns sehr schwierig vor. Alfonsi sagte, die Steine müßten Diamanten sein, da weder Schere noch Nagel zwischen sie hineindringen könnten. Ich bat ihn herabzusteigen und sagte ihm, es sei besser die Nacht abzuwarten, wo wir mit mehr Bequemlichkeit und weniger Bangigkeit arbeiten könnten. Wir stellten also die Bettstätten wieder an ihren Platz und als ich sah, daß die Stunde des letzten Besuchs der Wächter gekommen sei, versteckte ich, wie ich zu tun pflegte, das Licht in meine Laterne und halbausgekleidet hielten wir unser Gebet, als die Wächter eintraten. Da sie uns in diesem Zustand sahen, visitierten sie nur oberflächlich Fenster und Türen und wünschten uns eine gute Nacht.

Nach einer Stunde, als alles still war, stellten wir unser Gerüst wieder auf und überdeckten es ringsum mit unsern Matratzen und Decken, damit der fallende Kalk und die Steine kein Geräusch machen möchten. Ich stieg nun hinauf und fing an mit dem Eisen meiner Bandage das Gewölbe an mehreren Stellen zu untersuchen. Ich fand, daß man nirgends besser die Öffnung anbringen könne, als an dem Ort, wo sich das Gewölbe an die Mauer schloß, welche unsere Zimmer trennte, gerade über dem Kopfkissen meines Gefährten. Das Glück wollte, daß ich an diesem Ort eine leere Stelle fand, die man bei der neuerlichen Ausbesserung gelassen hatte; denn man hatte eine sehr dicke und lange eiserne Stange eingesetzt, um die dicke Mauer, gegenüber der St.-Peters-Kirche, noch mehr zu befestigen. Da die Arbeit daran noch frisch war, so konnte ich mit dem Eissenstab meiner Bandage ohne große Mühe eine Öffnung machen und mit der Hand hineinreichen. Nachdem ich einige Backsteine losgemacht hatte, so nahm ich die eiserne Türangel und bohrte damit weiter. Hiermit begnügte ich mich für das erstemal und spritzte Essig in das Loch, welches ich gebohrt hatte. Hierauf verdeckte ich es sorgfältig mit Papier, das mit Bleiweiß angestrichen war, und leimte es auf dem Loch fest. Sodann nahmen wir das Gerüst wieder weg, setzten alles wieder an seinen Platz, legten uns zu Bett und verschoben die weitere Arbeit auf die folgende Nacht.

Als die Nachtstunde gekommen war, deckten wir die angefangene Öffnung auf und fanden, daß die große Menge Essig, welche ich hineingespritzt, eine sehr gute Wirkung gemacht hatte, worüber wir sehr erfreut waren. Wir machten nun das Loch noch weiter und kamen endlich zu den Backsteinen, womit der Boden des Zimmers bedeckt war, in welchem der Kommissar gewohnt hatte. Wir schlossen nun, daß wir nichts weiter zu tun hätten, als die Backsteine mit dem Kopf aufzuheben, um hindurch zu können. Ich wendete also den Weinessig aufs neue an, deckte das Loch mit einem noch größeren Stück Papier zu, als das erstemal, und nachdem wir allen Schutt in den Abtritt geworfen, gingen wir zu Bett. Ich muß hierbei bemerken, daß der Essig, welchen ich anwandte, von dem Salat herrührte, zu welchem wir ihn täglich erhielten, und wovon ich allen entbehrlichen zu dem obigen Zweck aufgespart hatte.

Am folgenden Morgen, als wir bei Tagesanbruch aufgestanden waren, bemerkten wir indes zu unserem Schrecken, daß unsere Zimmer von den zerschlagenen Steinen und dem abgefallenen Kalk mit einem schrecklichen Staub angefüllt waren. Um die Wächter, welche des Morgens die Runde machten, zu täuschen, nahmen wir beide bei ihrer Annäherung jeder einen Besen in die Hand und fingen an die Zimmer auszukehren. Dies gelang uns so gut, daß einer der Wächter bloß sagte: „Was Teufel machen Sie da für einen Staub?" aber weiter nicht darauf achtete.

Endlich kam der Unglückstag heran, der 9. November 1693. Ich verwendete denselben ganz zur Vorbereitung auf unsere bevorstehende Flucht. Von zwei ziemlich langen Handtüchern machte ich einen Schnappsack, wie die Bettelmönche auf den Schultern zu tragen pflegen, wenn sie ausgehen um Almosen zu sammeln. Ich tat etwas Wäsche und einige meiner Arbeiten hinein, die ich erhalten wollte, und im Notfall auch verkaufen könnte. Nach dem Mittagessen schnitt ich mir aus zwei weißen wollenen Bettdecken eine Kleidung, wie sie die Einsiedler aus dem Kloster Unserer-Lieben-Frau an dem Angelika-Tor in Rom zu tragen pflegen. Auch nähte ich die Bettücher aneinander, um Zeit zu gewinnen, damit alles zur Nachtzeit fertig sei und wir dann nichts weiter zu ihm hätten, als die Bettücher der Länge nach zu zerschneiden und sie an den Enden zusammenzunähen, damit sie die gehörige Länge hätten, um uns die 80 Fuß herabzulassen, welches die Höhe war, die wir herabsteigen mußten. Alles dies ward binnen vier Stunden vollendet. Als es Nacht geworden und die Wärter ihren gewöhnlichen Besuch gemacht hatten, leistete Alfonsi und ich uns gegenseitig den Schwur der Treue und Brüderschaft, gelobten uns nie zu verlassen, wenn wir mit Gottes Hilfe frei geworden sein würden, und alles was wir erwerben würden, miteinander zu teilen.

Endlich stellten wir nun zum letztenmal unser Gerüst auf und suchten unser Werk zu vollenden, nämlich die Öffnung so groß zu machen um hindurchschlüpfen zu können. Aber hier fanden wir die meiste Schwierigkeit, denn indem wir die Backsteine aufbrechen wollten, die wir mit dem Kopf aufheben zu können glaubten, so fanden wir, daß es fast unmöglich war, sie nur zu rühren, weil gerade auf dieser Stelle ein alter sehr schwerer Suhl stand, welcher verhinderte, daß man nicht einen einzigen Stein aufheben konnte; indessen arbeitete ich mit dem Eisen der Bandage und unseren übrigen Werkzeugen mit solcher Anstrengung, daß endlich ein Backstein brach und ich den Arm hindurchbringen konnte. Mit diesem schob ich den Stuhl etwas weg, nahm 4-5 Steine heraus und erweiterte die Öffnung so viel als nötig war.

Hierauf stieg ich von dem Gerüst herab, schnitt die Tücher in der Mitte durch und nähte die Enden aneinander, so daß sie eine Art von Seil bildeten, das bis zum Straßenpflaster reichte. Ich drehte sie sodann und nähte sie ringsumher, damit das Seil dauerhafter und bequemer in der Hand wurde. Sodann schnitt ich Alfonsi die Haare ab, gab ihm meine Perücke und warf unsere Kleider in das geheime Gemach, damit niemand wisse wie wir gekleidet seien.

Ich hatte zwei Briefe geschrieben, einen an den Papst und an die heilige Kongregation, den anderen an den Pater Kommissar und seinen Gehilfen. In dem ersten bat ich Se. Heiligkeit und die heilige Kongregation mir mein Unternehmen gnädig zu verzeihen. Ich stellte ihm vor, daß nach mehrmaligem Flehen um eine etwas gelindere Haft um Luft zu schöpfen, man mich vielmehr noch enger einschloß – und während mehr als vierjähriger Gefangenschaft sei ich tausendmal vom Teufel versucht worden, mir selbst das Leben zu nehmen; statt aber mich zu diesem traurigen Ausweg verleiten zu lassen, habe ich vielmehr die göttliche Barmherzigkeit angerufen, daß sie mir beistehe und mir den Mut gebe, mich mit augenscheinlicher Lebensgefahr zu retten. Ich beteuerte, daß ich mich nicht wegen irgendeines Hasses gegen die heilige Mutter Kirche, noch wegen irgendeines Zweifels über die katholische Religion dazu entschlossen, sondern allein, um noch einmal vor meinem Tode das Licht der Sonne zu sehen, was die Natur selbst dem geringsten Würmchen zulasse. Mein zweiter Brief enthielt die Bitte an den Pater Kommissar und seinen Gehilfen, als welche den traurigen Aufenthalt, den wir verließen, hinlänglich kannten, ein gutes Wort für mich zu reden, und mit Mitleid auf das Unternehmen eines Verzweifelten herabzusehen, der ein gefährliches Wagestück unternommen; ferner zu erlauben, daß man dem Geschäftsmann meines Bruders meine Bücher und Gerätschaften aushändige, von dem Geld, welches man noch von mir habe, zwölf Messen lesen lasse; ferner dem Barbier zwei Monate für rasieren zu bezahlen, obgleich ich mich in dieser Zeit nicht hatte rasieren lassen, den drei Wächtern jedem 2 Dublonen zu geben und ähnliche Aufträge.

Ich hatte wirklich seit zwei Monaten mir den Bart wachsen lassen, um mich besser durch einen kleinen oder großen Schnurbart zu entstellen, je nachdem ich es notwendig haben möchte; ich gab vor, daß ich mich wegen heftiger Zahnschmerzen nicht rasieren lassen könne. Diese zwei Briefe legte ich auf die Bibel und stieg dann durch das Loch in das Zimmer hinauf, das oberhalb des unsrigen war. Sobald ich mich darin befand, war meine erste Sorge die Tür desselben zu verschließen, ließ mir dann von Alfonsi Licht geben, ferner unsere Kleider und das Seil. Er wollte mir sodann folgen, da er aber größer und dicker war, als ich, so war das Loch zu klein für ihn, so daß er nicht hindurch konnte. Er fing nun an den Mut zu verlieren, überließ sich der Verzweiflung und zitterte an allen Gliedern. Ich sprach ihm auf alle Weise Mut ein, sagte ihm, der Stein sei geworfen und wir könnten nicht mehr zurück. Wir taten alles Mögliche, er von unten und ich von oben, um die Öffnung größer zu machen, aber die Lage war dringend und gebot Eile. Wir konnten nicht damit fertig werden. Endlich riet ich ihm, sich ganz zu entkleiden, da wirklich die Kleider ihn hinderten; er tat es und gab mir seine Kleider, da aber dennoch sein Umfang zu groß war und die Spitzen der zerbrochenen Steine ihn verwundeten, so blieb er wieder halten. Nachdem ich entschlossen war, um jeden Preis zu fliehen, so stützte ich meinen Kopf gegen die Mauer, ließ ihn seine Arme um meinen Nacken schlagen und zog ihn so durch die Öffnung. Wie schwierig und anstrengend dies war, vermag ich nicht zu schildern; ich war in Schweiß gebadet. Alfonsi sah, wie ich außer Atem und erschöpft war, entschuldigte sich und versicherte mich, daß er mir das Leben verdanke, dabei aber hörte er nicht auf zu zittern und zu beben. Ich tat mein

Möglichstes, um ihm Mut einzusprechen, aber vergebens. Indessen befestigte ich das Seil an das eiserne Geländer des Balkons, welcher auf die Straße ging und damit es in gerader Linie hinabfalle, band ich mein Einsiedlerkleid daran, worauf ich es langsam hinabließ. Alfonsi, der sich wieder angekleidet hatte, fragte mich nun, welcher von uns zuerst hinabsteigen solle? Ich erwiderte ihm, dies sei mir gleichgültig. Er sagte nun, wenn ich es zufrieden sei, so wolle er vor mir hinabgleiten, damit ich ihm helfe das Bein über das Geländer des Balkons hinüberzuschlagen und besonders, um nicht mit den Händen an das Gesims, auf dem der Balkon ruhte, zu stoßen. Ich half ihm, wie er wünschte über den Balkon steigen, empfahl ihm sich fest an das Seil zu halten, damit er nicht allzuschnell hinabrutsche; ich hielt sodann das Seil von dem Gesimse ab, damit er sich nicht an den Händen verletze, und blieb auf dem Balkon, um ihn hinabsteigen zu sehen. Es ging alles recht gut, bis zur Hälfte des Seils, als er aber etwas weiter hinunter kam und wahrscheinlich die Beine nicht gehörig um das Seil geklammert hatte, bemerkte ich, daß sein Mantel, den er auf der Schulter hatte, an die Mauer streifte und zugleich erschallte ein heftiger Schrei: „O Jesus!" Bei diesem Wort ließ ich alles ich Stich, was in dem Zimmer war, und stieg so gleich über den Balkon und ließ mich an dem Seil hinab. Ich fragte Alfonsi: was ihm geschehen sei? Mit Tränen sagte er mir, daß er das Bein gebrochen habe, hob das verletzte Bein auf und ich sah, daß der Knochen an dem Gelenk des Fußes gebrochen war. Bestürzt über das Unglück und voll Mitleid für den Unglücklichen, war ich wie versteinert. Indessen faßte ich mich wieder und fragte ihn, was ich für ihn tun könne? Er bat mich ihm einen Wundarzt zu holen, aber ich bemerkte ihm, daß dies zu dieser Stunde und in meiner Verkleidung unmöglich sei. – „Wenn du nicht größer und stärker wärst, als ich, so würde ich dich auf meine Schultern nehmen und irgendwohin tragen, aber in dem Zustand, wo wir uns befinden, müssen wir nur darauf denken, außer der Stadt zu kommen. Dies Unglück macht mir unendlichen Kummer. Wenn du willst, daß ich bei dir bleiben und dich nicht verlassen soll, so wird mir dies ebenso unheilbringend sein, als es unnütz ist. Alles, was du davon haben wirst, wird sein, daß du mich in ein düsteres Loch einsperren sehen wirst, mit einem Gewicht von 200 Pfund am Fuß und täglich 100 Stockschlägen, ohne jemals wieder an das Tageslicht zu kommen, und was noch schlimmer ist, wir werden so voneinander entfernt werden, daß niemals mehr einer von dem anderen etwas erfahren wird." Als ich ihm dies gesagt hatte, zog ich mein Pilgerkleid an und schickte mich an fortzugehen. Alfonsi sah ein, daß ich ihm von keinem Nutzen sein könnte, bat mich für ihn zu beten und so trennten wir uns mit bitterem Schmerz, und ich mit einem Gefühl, das ich nicht beschreiben kann.

Ich war noch nicht am Stadttor angekommen, das *Reitertor* genannt, welches sehr nahe am Inquisionsgebäude ist, als Alfonsi entweder aus Schmerz, oder aus Ursachen, worüber ich ihn nicht gern im Verdacht haben will, aufs heftigste zu schreien anfing und „zu Hilfe! zu Hilfe!" rief. Er tat dies mit solchem weitschallenden Ton, daß der Torwächter beim Öffnen des Tores mich fragte: wer denn wohl so entsetzlich schreie? Ich erwiderte ihm, daß ich es nicht wisse, und eilte hinaus. Alfonsi fuhr aber fort so stark zu rufen, daß ich es noch ziemlich weit außer den Stadtmauern hören konnte. Der Ton dieser Stimme zerschnitt mir das Herz. Es ist mir unmöglich, die Angst, den Schrecken und den jämmerlichen Zustand zu schildern, worin ich mich befand; ich hatte nichts gegessen, noch getrunken; ein wenig Brot und Braten war in meinem Reisesack geblieben, um es für den Morgen aufzuheben. Ich hatte mit Geist und Händen für zehn Personen gearbeitet, es war ohne Übertreibung ein Eimer Schweißtropfen aus meinem Körper gedünstet, und ich befand mich nun in einem solchen Zustand von Erschöpfung, daß ich Gott nicht um Rettung, sondern nur um einen Tropfen Wasser bat um meine Lippen zu benetzen und sodann zu sterben, so sehr dürstete mich. Übrigens fing es nun an zu regnen, aber es half mir nichts, weil ich das Wasser nicht auffangen konnte; meine Mattigkeit war entsetzlich, meine Beine zitterten das Herz schlug mir heftig, meine Kehle war ganz trocken und mein Atem so kurz, daß ich höchst beklommen war, die Angst, wieder eingefangen zu werden, und das Unglück meines Gefährten erfüllten mein Gemüt mit den schrecklichsten Bildern. Um ganz den Mut zu verlieren, so war mein Pilgerkleid so sehr von dem Regen durchnäßt, daß ich von seiner Schwere niedergedrückt so matt wurde, daß ich fast keinen Schritt mehr tun konnte. In dieser äußersten Not entschloß ich mich, alles abzulegen, was mich belastete und begab mich auf den Weg nach dem Wirtshaus, die *Laus* (al Pidocchio) genannt; hier sah ich eine Scheuer offen und warf meinen Zwerchsack hinein, mit allem, was darin war, ohne selbst das Brot und

Fleisch herauszunehmen, was ich zu meiner Nahrung mitgenommen hatte; ich überließ mich ganz dem Schicksal.

Ich beschloß nun, die Landstraße zu verlassen und mich irgendwo zu verbergen, denn außer der Mattigkeit konnte ich auch vor Furcht, verfolgt zu werden, nicht gehen. Ich verließ demnach die Heerstraße und dachte mich in den Weinbergen zu verstecken, aber im Vorbeigehen an einer Hecke fand ich dieselbe so dicht, daß ich glaubte, es sei nicht möglich hindurchzudringen; indessen bemerkte ich einen Baum mitten in derselben und ich kam auf den Einfall, einen Zweig abzubrechen, mit dem Rücken mich gegen die Hecke zu kehren, um nicht im Gesicht von den Dornen gerissen zu werden, und mich, den Zweig vor dem Gesicht, über die Hecke zu schwingen und jenseits herabzulassen. Dies gelang mir, aber ich sah nun auch, daß ich nicht in einem Weinberg, sondern in einem Krautgarten war, wo ich mich nicht verstecken konnte. Jedoch stand in der Mitte ein Baum, der ganz mit Efeu umwachsen war, und unter welchem sich eine Rasenbank befand. Hier setzte ich mich nieder und Efeublätter verdeckten mich so gut, daß ich, ohne selbst gesehen zu werden, doch bei dem hellen Mondschein alles um mich her bemerken konnte. Indessen ward der Regen immer stärker, und mein Durst unerträglich; ich begann daher das Wasser von den Efeublättern abzusaugen, aber es war bitter, wie Galle. Statt meinen Durst zu löschen, reizte es denselben vielmehr, ohne ihn zu stillen. Ich bat Gott inbrünstig mir Stärke in diesem traurigen Zustand zu verleihen, und verfiel endlich aus Erschöpfung in einen sanften Schlummer, der wohl zwei Stunden dauerte. Ich wachte mit Tagesanbruch auf, aber mit dem größten Schrecken ward ich 5-6 Personen gewahr, die links der Hecke gingen und von denen einer unter anderem sagte: „Hier kann kein Mensch hindurch"; nämlich durch die dichte Hecke. Ich hörte mit Zittern diese Worte, und wagte kaum zu atmen; endlich nachdem sie 5-6 mal um die Hecke hergegangen waren, mochten sie es müde werden, sich beregnen zu lassen, und entfernten sich.

Indessen war der Tag angebrochen und ich bemerkte in der Entfernung eines Flintenschusses das Haus des Gärtners; ich sah dessen Frau und 3-4 kleine Kinder, die wahrscheinlich den Baum, wo ich mich befand, besucht haben würden, indem unter demselben vermutlich ihr Spielplatz war, denn im ganzen Garten war dies der einzige Ort, wo sie sich ein wenig herumtummeln konnten, alles übrige war mit Gemüse angebaut.

Ich sah sichtbar, daß Gott mir eine besondere Gnade erzeige, indem es den ganzen Tag regnete, denn ich würde außerdem ganz gewiß entdeckt worden sein; aber es regnete mit solcher Heftigkeit, daß der Gärtner selbst nicht aus seinem Haus gehen konnte. Jedoch bemerkte ich, daß er wahrscheinlich Wasser bedürfend, einen Krug in die Hand nahm und aus allen Kräften nach dem Ort rannte, wo ich mich befand, er bückte sich, und füllte seinen Krug aus einem kleinen Graben, den ich nicht bemerkt hatte; sodann lief er, ohne nur aufzublicken, ebenso schnell, wie er gekommen war, nach dem Haus zurück. Ich selbst schmachtete, wie Tantalus nach Wasser; ich hatte es vor mir und durfte nicht wagen, davon zu trinken; während der Nacht hatte ich es nicht gesehen und während des Tages wagte ich nicht aus meinem Versteck herauszugehen. Das Wasser, welches vom Himmel fiel, war mir beschwerlich, und jenes, welches hinter mir vom Graben herablief diente mir zu nichts, als mir den Rücken zu benetzen, so daß sich vom Kopf bis zu den Füßen durchnäßt, und von dem langen Sitzen erstarrt, mich fast gänzlich gelähmt fühlte.

Bei allen diesen Leiden beschäftigte mich noch der Gedanke an den armen Alfonsi. Wenn er sich nicht irgendwohin hatte verstecken oder in das heilige Asyl von St. Pietro schleppen können, war er wieder ins Gefängnis gebracht und genötigt worden zu bekennen, auf welche Weise wir entflohen, welchen Weg wir nehmen wollen, und wie ich gekleidet gewesen; Angaben, welche mir sehr gefährlich werden konnten. Es war in der traurigen Lage, worin ich mich befand, nicht möglich, eine andere Kleidung zu erhalten, denn ich hatte an Geld nichts weiter, als eine halbe Pistole, die mein Bruder bei seinem Besuch im Gefängnis, mir heimlich in die Hand gedrückt hatte. Ich sah ein, daß ich meinen Plan und meine Reiseroute ändern, und statt gegen Osten nach Florenz, vielmehr gegen Westen gehen müsse. Ich beschloß das letztere und überlegte zugleich, daß ich meinem Gewand eine andere Form geben müsse; ich hielt es für das Beste, den langen Talar, der mir bis auf die Fersen ging, bis zu den Knien abzuschneiden, und von dem langen Kragen nur den oberen Teil am Hals zu behalten, so daß es aussähe, wie ein Überrock. Dies hatte auch noch den Vorteil die Schwere sehr zu vermindern, was mir bei meiner großen Schwäche viel Erleichterung gewährte. Ich suchte in meiner Tasche nach und fand darin nicht allein meine Schere, sondern auch Nähnadel und Zwirn, welchen ich in der Verwirrung bei meiner Flucht mit aufgerafft hatte. Ich schnitt also mein Kleid zu und nähte es auch, wo es nötig war; den Rest tat ich in die Hecke, und verließ endlich abends gegen 9 Uhr meinen Zufluchtsort, wo es aufhörte zu regnen, nahm meinen Weg rechts und gewahrte ein kleines Weinberghäuschen, wo noch Licht war. Hier gab ich vor, ein Fremder zu sein und bat den Weinbauer mir ein wenig Wasser zu geben, denn ich war so matt von dem langen Fasten, daß ich fast nicht mehr gehen konnte. Er sagte seiner Frau, sie möge mir etwas Wein holen. Während sie fort war, fragte mich der Mann, wer ich sei, woher ich komme und wohin ich gehe? Ich antwortete ihm in gebrochenem Italienisch, das ich mit Französischem untermischte, ich käme aus der Normandie, sei ein armer Pilger und wolle die heiligen Kirchen zu Rom besuchen. Die Frau brachte mir einen großen Topf Wein, wovon ich mehr als die Hälfte trank, aber indem ich auf diese Art meinen Durst löschte, überschwemmte ich meinen Magen, welcher ganz leer war, so daß ich fast ohnmächtig wurde; ich war daher genötigt, ihn um ein Stück Brot für Geld oder um Gottes Willen zu bitten. Aber der mitleidige Bauer gab mir großmütig die Hälfte eines großen Brotes und verpflichtete mich in diesem Augenblick dadurch mehr, als wenn er mir den größten Schatz gegeben hätte. Als ich einen Teil davon mit dem größten Appetit verzehrt hatte, zeigte mir der Bauer den Weg nach dem Angelika-Tor zu Rom, nannte mir ein gutes Wirtshaus am Eingang der

Stadt, führte mich aus seinem Weinberg heraus und wünschte mir eine gute Nacht.

Als ich allein war, ging ich anstatt nach der Stadt über die Wiesen vor dem Angelika -Tor und aß noch von dem Brot, das ich erhalten hatte. Die Wiesen waren von dem Regen, der einige Tage lang gefallen war, noch so mit Wasser bedeckt, daß es mir fast bis an das Knie ging, dies wäre indes nicht von Bedeutung gewesen, wenn es nicht abermals so heftig zu regnen angefangen hätte, daß ich kaum fortschreiten konnte. Ich war daher genötigt, wieder auf die Landstraße unterhalb des Gartens Farnese zurückzukehren. Mein Gemüt war sehr beunruhigt und gleichsam eine höhere Eingebung war es, die mich veranlaßte vor 10 Uhr nicht weiterzugehen. Ich rief Gott an, mir ferner seinen Beistand zu verleihen, und meine Ideen zur Fortsetzung meiner Flucht sah ich dann als göttliche Inspirationen an. Als ich bis zum Ponte Milvio an dem Tiber gekommen war, fiel es mir ein, mich in ein großes Feld des Schilfrohrs zu verbergen, dessen man sich in der Gegend von Rom zu Weinpfählen bedient und in diesem zu warten bis es 10 Uhr geschlagen hätte. Zu dem Ende wollte ich über einen kleinen Graben springen, aber aus Mattigkeit oder Mangel an Gewandtheit fiel ich mitten hinein, und ward nun noch schmutziger und nasser, als ich schon war. Indessen kletterte ich auf der anderen Seite des Grabens hinauf und ging zwischen das Schilf, wo ich ein wenig gegen den Regen geschützt zu sein glaubte, aber ich hatte mich verrechnet; die langen Blätter des Schilfs waren ebenso viele kleine Rinnen, die das Wasser auf mich von allen Seiten fließen ließen. Jedoch setzte ich mich, so gut es gehen wollte, hielt mein Gebet und sprach meinen Rosenkranz.

Als es 10 Uhr geschlagen hatte, glaubte ich, daß es nun Zeit sei, weiterzugehen. Ich stand auf und machte mich auf den Weg; indessen war ich noch nicht 100 Schritte von dem Schilfrohr entfernt, als ich von der Strada Flaminia her, die grade auf den Ponte Milvio zuführt, Pferdegetrappel hörte, welches sich der Brücke näherte und bald sah ich, daß es ungefähr 30 Landreiter waren. Ich warf mich zu Boden um nicht bemerkt zu werden. Die Wolken hatten indessen dem Mond Platz gemacht, der auf die Gewehre schien und mich diese Leute genau erkennen ließ. Sie passierten die Brücke und an einer nicht weit von der Brücke entfernten Schenke, teilten sie sich in zwei Abteilungen, wo von die eine sich nach Baccano und die andere gegen Prima Posta wendete, so daß sie mich erwischt haben würden, wenn ich nicht zurückgewichen wäre. Ich dankte dem Himmel für diese neue Gnade und setzte meinen Weg nach der Gegend der Prima Posta fort, so daß ich den Landreitern folgte, statt von ihnen verfolgt zu werden.

Als ich an einen kleinen Hügel gekommen war, der am Weg nach Quinto liegt, fing der Regen wieder mit erneuter Heftigkeit an, so daß ich genötigt war, in einer kleinen Schenke einzukehren, die oben auf dem Hügel steht; ich rief, man möchte mir aufmachen und endlich antwortete mir jemand durchs Fenster, man könne nicht aufmachen, wenn ich mich aber vor dem Regen schützen wolle, so könne ich zum hinteren Tor in den Stall gehen, welcher offen sei. In diesem Stall fand ich ein Pferd, einen Ochsen und einen Esel; ich nahm von ihrer Krippe ein Büschel

Heu, reinigte mir damit die Schuhe und aus großer Ermüdung schlief ich ein. Nach ungefähr zwei Stunden erwachte ich; der Regen hatte aufgehört und es war schönes Wetter, der Mond schien hell, und ich setzte meinen Weg fort, mit Vermeidung der Landstraße, um den Fuhrleuten nicht zu begegnen, die Tag und Nacht fahren. Ich gelangte zu einer anderen Schenke, bei dem Viehstall der Herren Bongiovanni, vor welchem ein großer Brunnen ist, um das Vieh zu tränken. Ich ermangelte nicht hier meinen Durst zu löschen, aber indem ich mich nach der Schenke zu wandte, sah ich vier Landreiter unter dem Tor liegend, welche daselbst schliefen. Ich schlich leise auf den Fußspitzen an ihnen vorüber und eilte fort.

Nachdem ich die Brücke bei Prima Posta passiert hatte, wandte ich mich rechts und ließ Prima Posta links liegen, indem ich fürchtete, daselbst möchten ebenfalls Landreiter sein, um mich zu fangen. Ich ging links des Tibers fort, aber die Kälte der Nacht, der Regen und die übrigen Unbequemlichkeiten dieser Nacht hatten mich so erkältet und angegriffen, daß ich mich kaum aufrecht erhalten konnte. Indessen suchte ich doch mich fortzuschleppen, und kam ungefähr zwei Stunden vor Anbruch des Tages bei einer Schäferhütte des Fürsten Altieri an; ich ließ sie mir öffnen und verlangte etwas zu frühstücken. Wahrscheinlich in der Meinung, daß an mir etwas zu verdienen sei, sagte mir der Schäfer, er habe etwas von einem Lamm; ich ersuchte ihn es zu braten, damit er Feuer anmachen möge, welches ich nötiger bedurfte, als der Nahrung. Während er mir das Essen zurechtmachte, entkleidete ich mich, um mein Gewand zu trocknen, das wie ein

Schwamm mit Wasser getränkt war; ich aß dann mit großer Begierde alles, was er mir vorsetzte, und trank eine Flasche Wein. Indessen hatte der Schäfer, während ich aß, die Unvorsichtigkeit begangen, einen meiner Schuhe zu nahe ans Feuer zu setzen, welcher an einem Ende verbrannte. Ich ertrug dies Unglück, wie ein Hiob, mit Geduld, nahm ein Messer, schnitt das verbrannte Stück ab und beschuhte mich wieder, so gut es möglich war. Der Tag war nun angebrochen, und ich kleidete mich wieder an. Dann gab ich dem Schäfer, was er verlangte, nahm noch ein Brot mit, und setzte meinen Weg fort.

Ich war noch nicht weit von der Hütte, als die Sonne aufging; ich begegnete mehreren Reisenden, Kaufleuten, welche auf die Messe nach Civita-Castellana gingen. Da ich fürchtete, jemand zu begegnen, der mich kenne, so verließ ich die Landstraße und redete einen Bauer, der im Feld arbeitete, an, um mir den Ort zu zeigen, wo der Kahn sei, mittelst dessen man den Fluß passiere? Er zeigte mir mehrere Bäume in der Ferne, wo ich die Überfahrt finden werde. Ich schlug den mir bezeichneten Weg ein, ward aber im Gehen von einer solchen Übelkeit befallen, daß ich nur mühsam den Ort erreichte, wo man überfährt. Hier rief ich den Schiffmann, der auf der anderen Seite des Flusses war, um mich hinüberzuholen. Er antwortete mir, das Wasser sei zu hoch von dem starken Regen, er könne mich nur für ein halbes Kopfstück überfahren. Ich berechnete, daß wenn jede Überfahrt mich so viel kosten sollte, so würde es mit meiner Kasse bald zu Ende sein, und bot ihm einen Paolo, aber er schlug es ab, mich um diesen Preis überzuführen. Hinüberzuschwimmen durfte ich bei dem hohen Wasser und meiner Schwäche nicht wagen und wieder umzukehren, wäre gefährlich gewesen, indem ich meinen Verfolgern leicht in die Hände fallen konnte. In dieser Verlegenheit setzte ich mich am Ufer nieder und bald erschien an der anderen Seite ein Kaufmann, der sich herüberfahren ließ, so daß ich mich auf diese Weise für den Paolo hinüberschiffen konnte, den ich dem Schiffer geboten hatte.

Ich war ungefähr eine Viertelstunde über die Wiesen gegangen, und verbarg mich in einem Gehölz, das nicht fern davon stand. Hier aß ich mein Brot, welches ich vom Schäfer mitgenommen hatte, und beschloß durch das Gebirge und auf abgelegenen Wegen mich nach dem heiligen Haus von Loretto zu begeben, und daselbst Gott und der heiligen Jungfrau für meine Befreiung zu danken. Indessen überlegte ich, daß, wenn ich mich nicht ein wenig ausruhen lassen und einige gute Nahrungsmittel erhalten könnte, es bei meinem geschwächten Körper unmöglich sein würde, die Reise fortzusetzen. Ich erinnerte mich jedoch, daß ich in der Sabiner Gegend einen sehr guten Freund hatte, der jedesmal, wenn er nach Rom kam, bei mir wohnte, und bei dem ich ebenfalls einkehrte, wenn ich zuweilen in seine Gegend auf die Jagd ging. Ich beschloß also, ihn aufzusuchen, ob ich gleich fast zweifelte, daß er zu Hause sein würde, indessen war es auf jeden Fall dienlicher etwas zu wagen, als noch länger im Wald zu stecken und mich dadurch vielleicht ganz unfähig zur Fortsetzung meiner Flucht zu machen. Ich erwartete die Dämmerung, um fortzugehen und ging nur bei Nacht, während ich bei Tage im Wald blieb.

Nach mehreren Umwegen kam ich endlich eines Abends um 9 Uhr vor dem Haus meines Freundes an und traf einen seiner Dienstboten vor der Tür. Ich fragte, ob sein Herr zu Hause sei? Er antwortete mit „Ja." Ich bat ihn nun, er möchte seinem Herrn sagen, es sei jemand da, der ihm einen Brief von einem Freund in Rom abzugeben habe. Der Diener ging fort, und sein Herr kam an die Haustür, wohin ersterer leuchtete. Als er vier Schritte vor sich einen sehr übel gekleideten Menschen mit einem großen Bart sah, fürchtete er, ich sei ein Räuber, und sagte mit lauter Stimme: „Wo ist der Brief, den Ihr mir zu geben habt?" Ich antwortete: „Hier ist er", und indem ich mich stellte, als wenn ich ihn in der Tasche suche, sagte ich zu ihm leise, er möchte den Diener mit dem Licht fortschicken. „Nein, nein", erwiderte er, „er soll bleiben!" Indessen näherte ich mich ihm und sagte ihm ins Ohr: „Ich bin Pignata." Er faßte sich sogleich und sagte: „Ehe Ihr abreist kommt morgen früh vorher noch zu mir und hohlt die Antwort." Er hieß nun den Bedienten ins Haus gehen, und blieb, als wenn er mir noch einen Auftrag zu geben hätte, neben mir stehen, und während der Zeit, da der Bediente die Treppe hinaufging, führte er mich in seine Wohnung, ohne daß es jener bemerkte, und verschloß mich in sein Schlafzimmer. Hierauf ging er nach Licht und sagte seinen Leuten, er wolle allein in seinem Zimmer speisen, wo man decken möge. Sobald er zurückgekehrt war, umarmte er mich mit allen Zeichen der Freundschaft und Teilnahme. Ich sagte ihm, daß ich in Verzweiflung geraten würde, wenn er mir seinen Beistand versage: „Ich bedarf dessen dringend", fügte ich hinzu, „nicht sowohl der Nahrung willen, als um einige Ruhe zu genießen; denn nach so vielen ausgestandenen Beschwerden kann ich mich kaum aufrecht erhalten." Er tat nun selbst Kohlen in den Bettwärmer, wärmte das Bett, rieb mir den ganzen Körper mit warmen Servietten und Branntwein und ich mußte mich in sein Bett legen. Er ließ sodann das Nachtessen auftragen und nachdem er die Dienerschaft fortgeschickt hatte, brachte er mir selbst das Essen vor das Bett, und aß mit mir. Er konnte nicht auf hören, mir sein Vergnügen auszudrücken, mich bei sich zu sehen, nachdem ich ein so gefährliches Wagestück überstanden. Da das Bett nach italienischer Art so groß war, daß es allenfalls Raum für vier Personen hatte, so legte er sich zu mir schlafen. Übrigens wollte er mich für diesen Abend nicht mit Frauen ermüden und begnügte sich mit dem, was ich ihm vorläufig erzählt hatte.

Ich schlief ganze zwölf Stunden in einem fort, ohne aufzuwachen. Am folgenden Morgen erzählte ich meinem Freund meine ganze Geschichte, und er teilte mir dagegen die Nachrichten mit, die er in Beziehung auf mich, von Rom erhalten hatte, so wie jene, welche man über mich in der Stadt erzählte, wo ich sehr bekannt war. Da seine drei Brüder sahen, daß er sich das Essen auf sein Zimmer bringen ließ und selten ausging, so glaubten sie, er halte darin eine Geliebte verborgen und sprachen unter sich darüber. Als er dies bemerkte, so benachrichtigte er mich davon und sagte, um allen Argwohn zu zerstreuen, wolle er sich, wie gewöhnlich, in der Stadt zeigen und ich möchte daher in Geduld einige Stunden allein bleiben, und zur

Zerstreuung ihm einige Arien komponieren, welches ich auch tat.

Als er abends wieder nach Hause kam, sagte er mir, daß er sehr viel über mich habe erzählen hören. Er nannte mir einen unserer gemeinschaftlichen Freunde, der von Rom zurückgekehrt war und die Nachricht mitgebracht hatte, daß der Papst in Hinsicht meiner ganz außerordentliche Maßregeln angeordnet habe: „Er hat die strengsten Befehle erlassen, dich um jeden Preis wiederzubekommen; auf der Messe zu Civita-Castellana haben dich 40 Landreiter gesucht, mit folgendem Kennzeichen, daß du mehr groß als klein seist, mehr fett als mager, mit blondem Haar, weißer Gesichtsfarbe, 33-34 Jahre alt, in Pilgerkleidung, die von weißen, wollenen Decken gemacht ist, eine silberne Dose bei dir tragend, ein silbernes Etui für eine Schere, einen Ring mit einem Totenkopf und einen zweiten von Smaragd mit sechs kleinen Diamanten besetzt. Überdies hat man eine kleine Abbildung von dir verfertigt, um dich zu erkennen, 40-50 Landreiter seien auf dem Übergang des Gebirges von Viterbo postiert und auf allen Straßen des Kirchenstaats sei ein Korporal mit 15 Mann aufgestellt, ohne die Soldaten, welche das Land durchstreifen und in allen Städten, Flecken und Dörfern Nachsuchungen anstellen und dich auf den Landstraßen verfolgen, so daß mehr als 500 Soldaten, Landreiter und Spione aufgestellt sind, um dich zu fangen. Auch erfuhr ich, daß der arme Alfonsi wieder eingesperrt sei, daß er alles habe sagen müssen, was er in Betreff deiner wußte, daher man jene Bezeichnungen habe."

Diese Nachrichten verursachten mir viel Nachdenken, denn die Angaben über das, was ich bei mir trug, ließen mich an der Wahrheit nicht zweifeln, da z. B. niemand wußte, daß ich jene zwei Ringe hatte, als ich und die Oberen der Inquisition. – Ich sagte daher zu meinem Freund, daß alles wahr sei, was er vernommen habe. Ich zog die Ringe aus der Tasche und gab sie ihm, um damit zu machen, was ihm gefiele und bat ihn nur mir etwas Geld zur Fortsetzung meiner Reise zu geben. Mein Freund seufzte und bedauerte, daß er mir im jetzigen Augenblick nicht viel geben könne, da er die Zahlungen für seine von ihm verkauften Weine und Getreide noch nicht erhalten habe, worin seine ganze Einnahme bestehe, und die nicht eher als zu den Terminen bezahlt werden, wo die Gelder fällig sind; indessen wolle er mir soviel geben, als ihm möglich sei, da er es nicht wagen dürfe Geld zu leihen, um keinen Argwohn zu veranlassen. Er riet mir zugleich, ich möchte das Vorhaben, nach Loretto zu gehen, aufgeben, indem ich auf diesem Weg durch das päpstliche Gebiet unfehlbar gefangen werden würde; ich möge daher lieber nach dem Königreich Neapel gehen. Wenn man dort auch den Ort entdecke, wo ich sei, so müsse man doch erst die Erlaubnis des Vizekönigs haben, mich zu verhaften, und während der Zeit könne ich längst fort sein.

Ich erwiderte ihm, daß ich zwar alles, was er sage, sehr richtig fände, aber ich sei niemals im Neapolitanischen gewesen, es könne mir leicht geschehen, daß ich in der Nacht mich verirre und auf diese Weise meinen Verfolgern in die Hände falle; ich zöge den Tod diesem Unglück vor. – „Wenn du keine andere Bedenklichkeit hast, als diese, so kann ich solche durch einen Führer heben, den ich dir mitgeben will, und der dir nützlicher sein wird, als wenn du alle Taschen voll Geld hättest. Dieser Führer ist ein Bauer, den ich seit langer Zeit kenne, und welcher mir Beweise von unverletzlicher Treue gegeben hat. Es ist übrigens nicht nötig, daß du dich ihm entdeckst, oder ihm deinen Namen und deine Geschäfte sagst." Wir kamen überein, daß ich mich als Bauer kleiden sollte, und mein Freund versprach mir die dazu nötigen Kleidungsstücke.

Am folgenden Abend, der zu meiner Abreise bestimmt war, ließ mein Freund den Bauer, der Francesco hieß, in sein Zimmer kommen. Wir sprachen ihm von der Notwendigkeit, die mich zu einer heimlichen Reise in das Königreich Neapel nötigte, er solle mich gut führen, vorzüglich durch das Gebirge und unbewohnte Gegenden, um so wenig Leuten zu begegnen, als möglich und mehr des Nachts, als bei Tag zu gehen. Der Bauer versprach alles. Mein Freund ließ mich einen Schäferpelz anziehen, gab dem Bauer eine Flasche Wein, eine Wurst, einen halben Käse, alles in einem kleinen Reisesack, und indem er mich beiseite nahm, steckte er mir 2 Pistolen in Silber zu. Er entschuldigte sich dabei sehr, daß er mir nicht mehr geben könne, da er erst in 14 Tagen Geld bekomme. Aber bis dahin könne er mich nicht bei sich behalten, ohne Gefahr zu laufen, daß ich entdeckt würde, wo er dann auch sehr unglücklich werden würde; übrigens solle ich ihm sogleich Nachricht geben, wenn ich in Sicherheit sein würde, dem Boten brauche ich nichts zu geben, da er ihn bezahlen würde, wozu die zurückgelassenen Sachen von mir mehr als hinlänglich wären.

Hierauf aßen wir zu Nacht und dann rief er seine Brüder. Er befahl ihnen sich zu bewaffnen, und ihm zu folgen. Sie kamen im Dunkeln herab und wir verließen gegen 10 Uhr das Haus bei einem schönen Mondschein. Sobald wir außerhalb der Stadt waren, suchten die Brüder mich zu erkennen, aber es gelang ihnen erst bei unserer Trennung. Hier überhäuften sie mich mit den zärtlichsten Freundschaftsversicherungen, empfahlen dem Führer dringend, die größte Sorge für mich zu tragen, besonders daß wir baldmöglichst ins Neapolitanische kämen, denn sie wußten, wie sehr man sich Mühe gebe, um mich zu fangen.

Nach zwei Stunden Weges verließen wir die Landstraße und gelangten ins Gebirge; wir gingen die ganze Nacht, den ganzen folgenden Tag und die ganze Nacht. Am zweiten Tag ging uns der Wein aus, den wir mitgenommen hatten, und im Gebirge fanden wir keinen Tropfen Wasser. Nur in einem Tal fanden wir eine Pfütze, worin sich die Schweine gewälzt hatten, voll Unreinigkeiten und Gewürm. Aber der Durst war zu groß, als daß wir dieses schlammige Wasser hätten verschmähen können. Das Schlimmste aber war, daß mein Führer, indem wir bergauf bergab gingen, den Weg verlor und wir endlich gar nicht mehr wußten, wo wir uns befanden. Indessen setzten wir unseren Marsch unermüdet fort und begegneten endlich nachmittags um 3 Uhr einem Ochsenhüter, der einen Hut trug, wie ein Zuckerhut gestaltet, mit einem weißen Band, einer Axt auf der Schulter und einer teuflischen Physiognomie. Wir fragten ihn, ob er uns nicht einen Bach zeigen könne, um zu trinken, und er erwiderte, warum wir nicht nach Licenza gingen, wo wir Wein haben könnten? – Dies ist ein ganz von Bergen umgebenes Schloß des Marquis Palombara. Es lag auf einem Abhang, den wir in der Ferne gerade vor uns hatten. Wir glaubten, es sei zu weit bis dahin, aber er versicherte, wir würden in kurzem dort sein. Nachdem wir etwa 50 Schritte gegangen waren, sah ich mich zufällig um, und bemerkte, daß der Ochsenhüter seine Ochsen verließ und in größter Schnelligkeit nach einem der Berg lief. Seine Eile ließ uns vermuten, er könne ein Spion sein; denn man muß wissen, daß in gewissen Fällen die Bauern in Italien genötigt werden, sich dazu herzugeben. – „Wir müssen also", sagte ich zu Francesco, „lieber Durst leiden, und hier bis zur Nacht warten." Er wäre es zufrieden, sagte er, aber es müsse ganz gewiß Wasser am Fuß des Gebirges sein; es schien uns selbst, daß in der Ferne ein Wasserfall rausche. Wir entdeckten in der Nähe eine alte hohle Eiche, in deren Stamm wir uns verbergen konnten. Ich riet Francesco ein wenig darin auszuruhen, während ich mein Gebet hielt, worauf ich dann ebenfalls der Ruhe pflegen wolle. Wir blieben also an diesem Ort bis zu einbrechender Nacht, worauf wir den Weg hinabgingen, den uns der Bauer boshafterweise gezeigt hatte; nachdem wir aber ungefähr anderthalb Stunden gegangen waren, befanden wir uns am Rand eines furchtbaren Abgrundes, in den wir wahrscheinlich hinabgestürzt wären, wenn mich mein Führer nicht gewarnt hätte. Wir fragten uns was nun zu tun sei? und mein Führer meinte, wir müßten wieder umkehren. Indessen waren wir so ermüdet und erschöpft, daß wir nur mit der größten Anstrengung den Platz wieder erreichten, wo wir den Bauer gesehen hatten. Mein Führer bat mich inständig hier haltzumachen, da er nicht weiter könne und indem er dies sagte, sank er mir ohnmächtig in die Arme.

Ich befand mich in einer trostlosen Lage, ich hoffte nur Hilfe von Gott, da ich von Menschen keine zu erwarten hatte. Ich sah wohl, daß Francescos Ohnmacht nur von leerem Magen und großem Durst, neben den äußersten Anstrengungen des Körpers, herrühre, und endlich wollte der Himmel, daß nach einer Viertelstunde der arme Francesco wieder zu sich kam und atmete. Ich fand gerade zufällig einige 20 Gewürznelken in meiner Tasche, die ich noch von der Zeit her bei mir trug, da ich vorgab, Zahnschmerzen zu haben. Ich gab ihm einige in den Mund, die ihn etwas stärkten, so daß sein Magen besser ward. Wir blieben hier bis der Mond aufging, welches ungefähr um 10 Uhr war; er schien so hell, daß wir selbst im Wald alles erkennen konnten. Während wir Rat hielten, wohin wir uns wenden sollten, bemerkte er ein Stück umgepflügten Acker und er schloß daraus, daß in der Nähe ein Weg sein müsse, wohin die Ochsen nach Hause zurückgekehrt sein müßten. Wirklich fanden wir auch kaum 200 Schritt einen Weg im Gebüsch, den wie verfolgten bis am Fuß des Berges, wo wir einen kleinen Bach antrafen. Hier hielten wir an und löschten unseren Durst. Francesco fand in seiner Tasche noch ein Stück Brot, welches er mit mir teilte. Wir füllten dann unsere Wasserflaschen und folgten zwischen den Bergen dem Lauf des Baches.

Wir konnten zwei Stunden gegangen sein, als ich bei der Anhöhe, worauf Licenza liegt, ungefähre 50 Schritte von mir im Mondlicht einige Gewehre blinken sah, welche an eine Hecke angelehnt waren. Ich stand voll Entsetzen still und glaubte verloren zu sein, aber eine Art von innerer Ahnung trieb mich vorwärts: „Gott wird mich schützen!" dachte ich. Ich sagte zu Francesco, er möchte so leise gehen, als möglich, und so schritt ich entschlossen vorwärts. Als wir bei den Gewehren waren, sah ich rechts ein kleines Haus, wo jemand einem Hund zurief; demungeachtet ging ich voran und stieß endlich auf vier Häscher, die mitten im Weg und im tiefen Schlaf lagen. Wir kamen glücklich vorbei, ohne bemerkt zu werden. 50 Schritte von da, teilte sich der Weg, und hier lagen abermals vier Häscher schlafend, von denen keiner erwachte. Wir nahmen den Weg zur Rechten, der nach Licenza führt. Bei einer kleinen Kapelle lagen wieder vier Häscher im Schlaf. Wir ließen nun Licenza rechts und gingen auf einem schmalen Fußpfad nach einem Haus zu, das ich für eine Schenke hielt; vor demselben standen 15 gesattelte Pferde. Wir kamen auch hier glücklich vorbei, und kurz darauf sah ich den nämlichen Bauer wieder, den wir Tages vorher gesprochen hatten; ich erkannte ihn an dem weißen Band auf seinem Hut. Er lag ebenfalls auf dem Boden und schlief ganz ruhig. Ich zeigte ihn Francesco, und wir beschlossen über die Hecke zu springen und nach dem Berg auf der anderen Seite zu gehen; indessen fanden wir am Fuß des Berges einen tiefen Graben, den wir zwar glücklich passierten, aber dabei bis an den Leib ins Wasser kamen. Als wir den gegenüberstehenden Berg erstiegen, dachte ich über die bestandenen Gefahren nach und über das unglaubliche Glück, alle diese Häscher im Schlaf angetroffen zu haben, und mitten durch sie hindurch gekommen zu sein, ohne daß einer erwacht wäre. Die Tränen kamen mir in die Augen vor Freude und Rührung. Tief bewegt über die Gnade Gottes, die mich sichtbar unterstützte, wiederholte ich mit innigem Dank die Worte des Psalms: „Herr, ewig will ich deine Güte preisen!"

Es konnte ungefähr 3 Uhr morgens sein, als wir uns zur Erde legten, um ein wenig auszuruhen; wir hörten bald darauf, wie die Häscher sich gegenseitig fragten, ob sie niemand hätten vorbeigehen sehen, und alle sagten: „Nein." Wir erstiegen jetzt die Höhe des Berges, wo wir uns in ein Gebüsch versteckten, das den Jägern diente, das Wild zu belauern. Der Mond war an diesem Abend mit Wolken bedeckt, und es fing an sanft zu regnen. Wir schliefen ungefähr eine Stunde, gingen dann weiter und begegneten gegen Tagesanbruch einem Menschen, der die Pferde hütete. Sowie er uns ansichtig ward, bot er uns im neapolitanischen Dialekt einen guten Morgen und fragte: „Wo geht ihr hin durch diese Felsen, dies Gesträuch und auf diesem Umweg?" – Man muß wissen, daß die Neapolitaner immer drei und vier Worte brauchen, wo nur eines nötig ist. – „Ins Königreich Neapel", antwortete ich im nämlichen Tonfall.

„Und wo kommt ihr her?"

„Von Marino."

„Ihr, von Marino? Ihr seid gewiß Flüchtlinge, die aus Rom entwischt sind?"

Ich gestehe, daß diese Worte mir sehr auffielen, indessen antwortete ich ihm, ohne die Fassung zu verlieren: „Ich sage dir, wir kommen von Marino und gehen ins Neapolitanische, zu unseren Schäfereien."

„Du bist also ein Schäfer? Sieh deinen Hals da", (er zeigte auf eine entblößte Stelle), „sieht der so aus, wie die Haut eines Schäfers?"

Ich wußte hierauf nichts zu antworten, und veränderte daher das Gespräch, indem ich ihn fragte, wem die Pferde gehörten, die er weide?

„Dem Marquis Nunez. – Aber warum geht ihr nicht über den Riofredo, da dies der nächste Weg ist?"

Ich kannte diesen Berg nicht, da ich aber von den zudringlichen Fragen dieses Menschen Nutzen ziehen wollte, so tat ich, als wenn ich jenen Weg wüßte und antwortete: „Riofredo ist zu weit und dieser Weg ist näher und bequemer."

„Wie, zu weit?" rief er und zeigte mit dem Finger darauf hin, „seht, da ist er ganz nahe; auf dem Weg, den ihr nehmt, kommt ihr erst Morgen ins Neapolitanische und über den Riofredo seid ihr sogleich darin."

Nun, was willst du haben, wenn du mich zu Pferde zum Riofredo bringst?"

Er könne dies nicht, sagte er. Ich bot ihm endlich 2 Kopfstücke, wenn er mich dahin begleite. – Er versprach es endlich, aber er wolle erst eine Messe hören. Ich war sehr verwundert über diese Frömmigkeit des Bauern, indessen dachte ich doch, es sei ein Zeichen guter Gesinnung und bat ihn zugleich, uns etwas Brot zu geben. Er hatte kein anderes, als ganz schlechtes, für seine Hunde, wovon er uns ein Stück reichte. Ich gab ihm ein Stück Geld und bat ihn uns Brot und Wein mitzubringen.

Das Brot, was er uns gegeben hatte, war nur eine Faust groß, aber ich glaube, daß es sechs Pfund wog; es war fast nichts als Erde und so schwarz wie Tinte. Indessen aßen wir es mit gutem Appetit, und ruhten dann ein wenig. Nachdem wir wieder erwacht waren, schien es mir, daß uns der Bauer getäuscht habe; er hatte versichert, in einer kleinen Stunde wiederkommen zu wollen, und jetzt waren schon mehrere Stunden verflossen, die Sonne stand schon sehr hoch und ich lud meinen Gefährten ein, weiterzugehen, um nicht etwa in die Fallstricke dieses Kerls zu fallen. Wir gingen daher schnell den Berg herunter nach einem Gehölz zu, um uns darin zu verbergen. Kaum hatten wir 100 Schritte darin zurückgelegt, als wir den Bauer wiederkommen sahen. Er hatte drei Häscher mit schwarzen Mänteln nach römischer Art, neben sich. Er rief zum öfteren: „He! Wo bist du, der nach Riofredo reiten will?" und wiederholte diesen Ruf mehr als sechsmal. Wir sahen und hörten alles, ohne selbst gesehen zu werden. Wir blieben sodann bis nach Sonnenuntergang im Gebüsch, und da wir fanden, daß bei der Dunkelheit uns niemand zu erkennen vermöge, gingen wir aus unserem Versteck hervor über ein angebautes Feld, an dessen Ende wir auf die Landstraße kamen. Bald begegnete uns ein Bauer und noch ein Mann in schwarzem Mantel, die uns fragten, ob wir nicht etwa eine Kuh gesehen hätten? Wir antworteten mit „Nein", und setzten unseren Weg mit Vorsicht und Aufmerksamkeit auf alle Gegenstände fort. Ich bemerkte, daß jene zwei Leute uns stets beobachteten. – Ich bat Francesco mit mir in das Gebüsch zur Linken zu gehen und uns gut zu verbergen. Wir passierten das Gehölz und kamen an einen ziemlich großen Fluß, dessen Namen ich nicht angeben kann. Ich wünschte sehr, schon am anderen Ufer desselben zu sein, so daß ich zu Francesco sagte, ich müsse hindurch und sollte ich darin zugrunde gehen, und unerachtet der dicken Finsternis gingen wir hinein, hatten bald das Wasser bis zum Gürtel, aber dennoch kamen wir glücklich hindurch.

Wir waren noch nicht 100 Schritte auf der anderen Seite, als wir jemand schreien hörten: „Ohe, Ohe, hat man jemand gesehen?" Ich wandte mich um und fand, daß diese Stimme aus einem kleinen Haus jenseits des Flusses kam, wo wir bei dem Schein des Lichts mehrere Leute im Zimmer sahen. Die, welche oben im Gehölz waren, vermutlich dieselben, denen wir begegnet, antworteten: „Sie sind ins Gebüsch gegangen." Die Stimme unten erwiderte: „Laßt doch die Hunde los und umstellt den Berg!" Ich zittere noch, wenn ich an das schreckliche Geheul dieser Tiere denke, die darauf abgerichtet waren, die Spur der Menschen zu verfolgen. Ihr Bellen wiederhallte durch den ganzen Wald und das Schreien der Häscher erhöhte noch meine Angst. Ich hielt mich für verloren, ohne Rettung. Ich hatte alle möglichen Anstrengungen gemacht, um den Verfolgungen der Häscher zu entgehen, aber es schien mir unmöglich mich den Spürnasen der Hunde zu entziehen. Mein einziger Trost war, daß sie sich auf der anderen Seite des Flusses befanden und im Wasser sie die Fährte verlieren. In dieser äußersten Bedrängnis rief ich Gott von neuem um Beistand an; er hatte mich so weit geführt und ich bat ihn inbrünstig, mir fortdauernd seine Gnade zu verleihen.

Ich muß gestehen, ich hatte weder Kraft noch Mut mehr; ich befand mich in der äußersten Erschöpfung und konnte weder etwas tun noch denken. Ich war bis an den Leib durchnäßt und das lange Fasten hatte mich ganz ausgezehrt. Die Unruhe, die Mattigkeit und die schlaflosen Nächte drückten mich fast nieder; ich hatte dabei von der Nässe einen wütenden Schmerz in den Beinen, und was noch schlimmer war, mein Geist war verwirrt, bei der so nahen Gefahr gefangen zu werden. Hierzu kam noch ein dichter feiner Regen, der mich bis auf die Haut durchnäßte und ich hatte nicht ein trockenes Haar an mir. Der schlechte Pelz, den ich trug, war wie ein Schwamm mit Wasser angefüllt und hatte sich so an die Haut gelegt, daß ich mich kaum bewegen konnte. Das Hundegebell dauerte vier ganzer Stunden, während welcher ich in der größten Bestürzung war. Endlich jedoch hörten sie auf zu heulen, und kehrten in das Haus zurück, aus welchem man sie losgelassen hatte. Da wir nun nichts mehr hörten, stiegen wir in aller Stille den Hügel hinauf, an dessen Abhang ein Ort liegt, der Scarpa heißt. Wir gingen ungefähr eine Stunde längs einer Olivenpflanzung, von wo wir auf die Landstraße gelangten. Hier begegneten wir gleich wieder einem anderen Spion, wie sich aus seinen Fragen schließen ließ. Er fragte uns, wohin wir gingen?

„Nach Scarpa."

„Vielleicht wollt ihr dort Brot kaufen?"

„Ja."

„Seid ihr Schweinhirten?"

„Ja."

„Und wo sind eure Schweine?"

„Wir haben sie unten am Berg gelassen."

Er verließ uns und wünschte uns eine gute Reise. Wir passierten eine kleine Kapelle, bei der ein Weg nach den Weinbergen des Fleckens führte. Wir schlugen diesen Weg ein, während der Regen aufs neue sehr heftig ward. Francesco stellte sich unter einen Baum und ich verbarg mich in eine dichte Hecke, wo ich ungesehen war. Es verging keine Viertelstunde, als unser Spion wiederkam, um von neuem zu fragen. Er sah sich nach allen Seiten um und da er mich nicht fand, fragte er Francesco: warum er nicht nach Scarpa gehe?

„Weil es regnet."

„Aber, wenn ihr den Regen fürchtet, warum geht ihr nicht lieber in die Kapelle?"

„Es ist mir einerlei, ob ich hier oder dort bin."

Der Spion betrachtete ihn sehr genau und ging dann schnell fort nach La Scarpa. Ich aber ging aus meiner Hecke heraus und eilte mit Francesco durch die Weinberge. Als wir an den Rand derselben kamen, trafen wir zwei Gräben; der eine war von der Seite des Weinberges so abschüssig und so tief, daß wir uns an die Weinpfähle haltend, hinabrutschen mußten. Der andere war voll Wasser, so daß wir beim Durchgehen durchnäßt wurden. Von hier erstiegen wir den Berg, der nach Riofredo führt. Hier überfiel uns der schrecklichste Hunger; wir hatten seit drei Tagen nichts gegessen, als einige Eicheln, die in diesem Wald so groß waren, als die Kastanien. Wir lasen sie auf und füllten damit unsere Taschen an. Was man sonst nicht achtet, wird zum Wohlgeschmack in der Not.

Wir kamen oben auf dem Berge ins Holz und trafen auf einem Nebenweg einen alten Mann, eine junge Frau, zwei kleine Knaben und einen jungen Mann, von 26-27 Jahren; sie hatten zwei Esel bei sich, um die Eicheln aufzuladen, welche sie sammeln wollten. Ich bat sie um etwas Brot, sie entschuldigten sich aber, daß sie keines bei sich hätten, indem sie zu Hause gefrühstückt und erst bei ihrer Rückkehr ihr Mahl hielten. Es schien ihnen indessen wirklich leid zu tun, meine Bitte nicht erfüllen zu können, und gleich darauf besann sich die Frau und sagte: „Geduld", womit sie ein Stück Brot aus der Tasche zog, und es einem ihrer Knaben gab, um es mir zu bringen. Ich empfing es mit großer Freude und wollte ihm etwas Geld dafür geben, was aber der junge Mann anzunehmen ihm verbot. Diese Handlung schien mir so ungewöhnlich, daß ich zu Francesco sagte, wenn ich mich Jemand anvertrauen müßte, so würde es dieser junge Mann sein, der von so guter Gemütsart sei. „Ich glaube Sie irren nicht", erwiderte Francesco, „denn wir Bauern pflegen eben nichts abzuschlagen, was man uns anbietet." Indessen gelangten wir zum Gipfel des Berges und gingen ins Gebüsch, wo wir dürres Holz sammelten um Feuer zu machen, das wir zum Trocknen unserer Kleider sehr nötig hatten. Ich zog mich ungeachtet des fortdauernden Regens ganz aus und trocknete ein Stück nach dem anderen. Während der Zeit röstete Francesco die Eicheln auf den Kohlen. Dies war, wie ich schon erwähnte, die einzige Nahrung seit drei Tagen. Mit diesen Eicheln und dem Stückchen Brot, das wir erhalten hatten, stillten wir den schrecklichen Hunger, der uns verzehrte. Auch gab uns die Wärme des Feuers eine große Erquickung.

Nachdem wir hier eine längere Zeit verweilt hatten, sahen wir unsere Bauernfamilie mit ihren beiden Eseln zurückkommen, die mit Eicheln beladen waren. Ich stand auf und grüßte sie freundlich, wobei ich den Mann fragte, warum er nicht erlaubt habe, daß der Knabe das Geld annähme, was ich ihm angeboten.

„Es tut mir leid", erwiderte er, „daß Sie ihm etwas für die Kleinigkeit angeboten haben, da wir Ihnen nur so wenig geben konnten."

Ich sagte ihm nun, daß ich großes Vertrauen in ihn setze, ich sei ein Unglücklicher, der viele Verfolgungen erleide, und ihn bäte, mir zu sagen, ob nicht seit einigen Tagen Soldaten oder Häscher in Riofredo angekommen wären, um jemand aufzusuchen?

„Nein", antwortete er in seinem ländlichen Dialekt, „dies Gesindel wagt es nicht, nach Riofredo zu kommen, wir erkennen hier keinen anderen Herrn, als den Marquis del Drago; fürchten Sie sich also nicht, ich will Ihnen den Weg ins Königreich Neapel zeigen."

Wir gingen also mit und unterhielten uns Unterwegs über mancherlei. Ob ich gleich nicht sehr Ursache hatte zu lachen, so konnte ich es doch kaum unterdrücken, als mir unser Führer sagte: er habe uns nach unseren langen Bärten für Zauberer oder Hexenmeister gehalten, weil zuweilen Franzosen in diese Gebirge gekommen seien, die in denselben Schätze gesucht, aber nichts weiter bewirkt hätten, als schreckliche Gewitter und Hagelwetter hervorzubringen, welche die Bäume und Früchte zerschlügen. Ich sagte ihm, daß wir zwar lange Bärte hätten, aber doch weder Zauberer, noch Hexenkünstler seien, sondern Fremde, die nur wünschten, sobald als möglich ins Neapolitanische zu kommen.

„Lassen Sie mich sorgen", erwiderte er, „ich will Ihnen den Weg zeigen und es soll Ihnen nicht das geringste Leid geschehen."

Riofredo ist ein kleines Schloß, auf einer schönen Anhöhe gelegen, und ringsum von Hügeln begrenzt, die mit Öl- und Kastanienbäumen besetzt sind. – An der Anhöhe ließ unser Begleiter seine Esel zurück und zeigte uns hier den Weg, den wir zu nehmen hätten; bald würden wir einen Graben finden und wenn wir diesen überschritten hätten, so würden wir in Sicherheit sein, indem dies die Grenze ist, welche das päpstliche Gebiet von dem Königreich Neapel scheidet. Ich hoffte, er sollte uns selbst bis dahin begleiten, aber er schlug es mir ab, da er zu seinem Herrn zurückkehren müsse. Ich bat ihn ein Kopfstück, das er anzunehmen ebenfalls verweigerte, aber endlich auf vieles Zureden annahm, wobei er dann auch sagte, daß er mich bis an die Grenze begleiten wolle; nur müsse ich ihn allein reden lassen, wenn wir Häschern begegnen sollten; höchstens möchten wir sagen, daß wir Schweinehändler wären. Hiermit eilte er so schnell voran, daß ich ihm kaum folgen konnte.

Wir gelangten bald in die Ebene, wo ein Kreuzweg war. „Hier", sagte mein Führer, „ist die größte Gefahr, denn in der Mühle da, halten sich immer Häscher auf; aber fürchten Sie nichts, denn wenn Sie auch mitten unter ihnen wären, so habe ich doch Mut genug, um Sie aus ihren Händen zu reißen, und selbst aus noch größeren Gefahren zu retten." Ich bat ihn inständig, so viel, als wir könnten, zu eilen, da es am sichersten sei, ins Neapolitanische zu kommen, ohne ihnen zu begegnen. Er sagte mir, jenseits des Grabens würden wir ein Wirtshaus finden, worin sich immer Polizeidiener aufhielten, welche den Auftrag hätten, die Ausfuhr des Weizens zu hindern, und mir nichts zuleide tun würden. Während dem kamen wir an den so ersehnten Graben: „Hier ist die Grenze", sagte er, „wir gehen über diesen Balken und sind im Königreich Neapel." Ich bot ihm hier noch 4 Paoli, die er aber nicht annehmen wollte, indessen bat ich ihn so dringend, daß er sie endlich annahm. Er gab mir dann nach der Sitte seines Landes einen Kuß auf die Stirn und wünschte mir alles mögliche Glück auf meinen Weg. Ich fragte ihn noch nach seinem Namen und er erwiderte mir, daß er Scipio heiße.

Als ich auf der anderen Seite des Grabens angekommen war, warf ich mich auf die Knie nieder, um Gott zu danken, daß er mich in dieses Kanaan führte, wohin so lange schon meine Wünsche und Hoffnungen gingen; ich küßte tausendmal den Boden und weinte Tränen der Freude, die Francesco mit mir empfand, dann sang ich ein Tedeum, worauf wir weitergingen. Wir waren sehr durstig, aber ein glücklicher Zufall führte uns an einem Weinberg vorbei, in welchem an einem Stock eine schöne Traube hing, welche die Winzer wahrscheinlich übersehen hatten. Francesco brach sie ab und wir teilten sie brüderlich. Eine Viertelstunde darauf kamen wir an das Wirtshaus von welchem Scipio gesprochen hatte. An der Tür standen Grenzwächter und ihr Korporal, welche wir im Hineingehen grüßten und uns dann ans Feuer stellten, um uns zu trocknen, da wir ganz durchnäßt waren. Einer von diesen

Soldaten, der zudringlicher als die übrigen war, fragte mich, wer ich sei? wohin ich wolle? Ich antwortete ihm, ich sei ein Untertan des Herrn Colonna, komme von Marino und gehe nach Tagliacozzo, wo ich einen Auftrag an den Herrn Vicomte auszurichten hätte. Er fragte mich sodann weiter, wo der Brief sei, den ich abzugeben habe? Ich versicherte, daß ich keinen Brief hätte, sondern einen mündlichen Auftrag. „Also bist du imstande ein solches Geschäft mündlich zu besorgen?" Er verlangte ihn zu wissen, worauf ich ihm erwiderte, daß er danach nicht zu fragen habe, er sei hier seine Pflicht zu erfüllen, aber nicht nach Dingen zu fragen, die ihn nichts angehen!

Aber der Herr Korporal nahm dies sehr übel und sagte: er und seine Leute wären hier an der Grenze um zu wissen, wer in das Land und hinausgehe. Ich erwiderte, daß ich ihm dies gesagt, aber ich sei nicht schuldig, ihm Auskunft über die Aufträge zu geben, die mein Herr mir erteilt habe. – Der arme Francesco zitterte, als ich diesem Soldaten so keck antwortete, aber die Ankunft einiger Schäfer, die einen großen Korb voll vortrefflicher Pilze brachten, unterbrach den kleinen Wortwechsel. Sie setzten sich in einen Kreis um das Feuer und sagten: wer davon mitessen wolle, müsse helfen sie abschälen. Ich und Francesco glaubten zu einem Hochzeitfest zu kommen, denn wir waren von den ausgestandenen Mühseligkeiten aufs äußerste ermüdet und hungrig. In sehr kurzer Zeit waren die Pilze gereinigt und in einem großen Kessel gekocht. Es gab 14 große Portionen, soviel waren unserer am Tisch. Mein und Francescos Anteil waren nicht die kleinsten. Wir aßen dazu zwei Brote und tranken zwei Maß Wein. Ich war über dieses einfache

Gastmahl besonders wegen des armen Francesco erfreut, der meinetwegen so viel ausgestanden hatte. Nach dem Essen legten wir uns auf die Streu nieder. Ein Schweinehändler, der nach meiner Vermutung ein Spion der Grenzwächter war, legte sich neben mich und fing an auf diese zu schimpfen, es seien unverschämte Kerle, welche Vergnügen daran fänden, die Reisenden zu tyrannisieren. Ich erwiderte ihm, sie täten ihre Pflicht und entschuldigte sie; da ich indessen glaubte, er wolle mich nur zu Reden bringen, die mir nachteilig sein könnten, so sagte ich: „Kamerad, du hast Lust zu sprechen, und ich zu schlafen; lasse mich in Ruh, gute Nacht!"

Wir standen mit Tagesanbruch auf, zahlten unsere Zeche, nahmen etwas Brot und Käse mit und füllten unsere Flaschen mit Wein. Hierauf schlugen wir den Weg nach Tagliacozzo ein. Ich merkte wohl, daß Francesco große Lust hatte umzukehren, aber ich bat ihn mich an diesem Tag noch bis Vezzano zu begleiten, einer kleinen Stadt, die dem Konnetabel Colonna gehört; dort könne er mich verlassen. Er versicherte mich indes, er werde, wie sein Herr befohlen, mich begleiten, so lange ich es wünsche. Wir sahen jetzt einen Bauern, der fünf Esel ohne Ladung bei sich hatte. Ich fragte ihn, wohin er gehe, und er erwiderte: „Nach Tagliacozzo." Ich bat ihn, mich gegen eine Belohnung auf einen der Esel aufsitzen zu lassen. Er wollte anfangs nicht; da ich ihm aber einen päpstlichen Paolo bot, welche Münze man dort gern hat, so ließ er mich aufsteigen, welches meine wunden Füße sehr nötig hatten. Mittags hielten wir an, um seine Esel ausruhen zu lassen, aßen von unserem Vorrat und setzten dann unseren

Weg fort, so daß wir in zwei Stunden zu Tagliacozzo waren. Da er aber noch nach Vezzano wollte, so benutzte ich dies und ritt gegen ein weiteres kleines Trinkgeld mit bis vor diesen Ort. Er sagte mir unterwegs zu Vezzano sei ein gutes Wirtshaus. Wirklich liegt der Ort in einer reichen Gegend, umgeben von Weingärten und Obstbäumen, so weit das Auge reicht. Der See Fucine (Lago di Fucine) stößt an die Stadt, an dessen Ufern Landhäuser und Schlösser sich erheben. Als wir hier ankamen, trennten wir uns von dem Bauer, und gingen ins Wirtshaus. Wir setzten uns ans Feuer, wo wir den Beamten des Orts mit seinen Leuten fanden. Ich bat den Wirt, mir besonders anrichten zu lassen und ließ mir, während man mir Kraut und Koteletten zurichtete, etwas Papier und Tinte geben, um meinem Freund zu melden, daß ich endlich nach vielen ausgestandenen Beschwerden und Gefahren glücklich in Vezzano angekommen sei. In diesem Augenblick traten zwei Bediente des Konnetabel Colonna in das Haus, wovon ich den einen kannte. Aber mit meinem langen Bart, entstellten Zügen und in meiner Kleidung erkannte er mich nicht, auch suchte ich seinen Blick zu vermeiden. Nach dem Nachtessen verschaffte ich mir noch die lange entbehrte Annehmlichkeit reine Wäsche anzulegen. Ich ordnete dann mit Francesco die Belohnung, welche er erhalten sollte, sein Taggeld für die Reise und schrieb an meinen Freund, ihm für meine Rechnung dies alles zu bezahlen. Sodann bat ich ihn mir seinen Mantel und Bauernanzug zu lassen und dafür meinen Pelz zu nehmen. Überdies trug ich meinem Freund auf, ihm einen ganz neuen Mantel für meine Rechnung machen zu lassen.

Endlich entschuldigte ich mich bei ihm, daß ich ihm kein Geld geben könne, da ich nicht genug für meine eigenen Bedürfnisse habe. Er versicherte mich indessen, daß er auch nichts annehmen würde, da sein Herr ihm aufgetragen, nichts von mir anzunehmen. Dann nahm er meinen Anzug und ich den seinigen. Am Morgen des anderen Tages gab ich ihm meinen Brief und wir nahmen Abschied voneinander. Er ging.

Nachdem ich nun jetzt allein in Vezzano war, so beschloß ich zu beichten und zu kommunizieren, um Gott für die große Gnade zu danken, jetzt in Freiheit und Sicherheit zu sein. Ich ging nach der Hauptkirche und traf hier einen so diskreten und teilnehmenden Geistlichen, daß er mir Tränen auspreßte und mein Herz mit Trost erfüllte. Gegen das Ende des Gottesdienstes sah ich einen Herrn in die Kirche treten, dessen Namen ich verschweige, der aber in einem großen neapolitanischen Haus eine vornehme Stelle bekleidete. Nach der Messe näherte er sich mir; ich erkannte ihn sehr wohl, da ich ihn verschiedene Male in Rom gesehen hatte, aber ich stellte mich, ihn nicht zu kennen. Er nahm mich an der Hand, führte mich aus der Kirche und sagte: es sei sehr leicht zu erkennen, daß ich unerachtet der Kleider, die ich trüge, doch kein Bauer sei, auch müsse er mir sagen, daß der Herr dieses Ortes großen Verdacht in Hinsicht meiner hege, so daß er schlechterdings wissen wolle, wer ich sei; er werde mir aber beistehen und ich könne seinen Worten trauen, da er ein rechtschaffener Mann sei. Ich antwortete ihm in bäuerischer Sprache, ich sei ein armer Bauer und wisse nicht, wie ich irgend jemand Veranlassung zu Argwohn geben könne. – „Verzeihen Sie", sagte mein Begleiter, „man hat uns benachrichtigt, daß zwei Bauern in dem Wirtshaus angekommen sind, welche in einem besonderen Zimmer haben essen und schlafen wollen, einer hat Schreibzeug verlangt, hat sich die Füße in Wasser mit Kräutern und Rosen gebadet und sich mit wohlriechenden Wassern gerieben; aber in diesen, wie in anderen Ländern pflegen die Bauern eine solche kostbare Toilette nicht zu machen."

„Mein Gott", erwiderte ich, „wie groß ist denn die Ausgabe von etwas warmem Wein, Öl und Salz, mein lieber Herr?" – Hier nannte ich ihn bei seinem Namen.

„Wie Sie kennen mich?"

„Gewiß, und Sie kennen mich auch." – Er betrachtete mich aufmerksam und sagte dann: „Ich erinnere mich nicht, Sie gesehen zu haben, aber sagen Sie mir wer Sie sind, Sie haben mit einem Mann von Ehre zu tun, und können volles Vertrauen in mich setzen, ich werde Ihnen gerne Beistand leisten." Er drang so sehr in mich, daß ich endlich keinen Anstand nahm, ihm meinen Namen zu sagen, und kaum hatte ich ihn ausgesprochen, als er mich umarmte, und fast mit Gewalt nach dem herrschaftlichen Haus führte, wo er mich mit Fragen bestürmte, wie ich es angefangen habe, aus dem Gefängnis und über die Grenze zu kommen? Man wisse hier, daß mehr als 400 Mann auf der Grenze aufgestellt waren, um meiner habhaft zu werden; ganz Rom spreche von mir, die Inquisition habe die umfassendsten Nachforschungen angeordnet, und der Papst wolle mich um jeden Preis wiederhaben. „Ist's möglich", rief er endlich, „daß ich Sie vor mir sehe!"

Hierauf führte er mich zu dem Herrn des Schlosses ein, dem ich eine umständliche Erzählung von meinen ausgestandenen Abenteuern und Mühseligkeiten machen mußte. Er hörte mich mit der größten Aufmerksamkeit an, und sagte dann: „Wenn Ihre Sache von einem anderen Tribunal abhing, als dem der Inquisition, so würde ich Ihnen gern meinen Schutz und eine Freistatt auf meinen Gütern anbieten, ich will mich aber mit der Inquisition nicht überwerfen, besonders wegen der Streitigkeiten, welche Neapel jetzt mit derselben hat. Alles, was ich Ihnen raten kann, besteht darin, daß Sie Ihre Reise fortsetzen, denn Sie sind hier nicht in Sicherheit und wenn Sie entdeckt würden, so könnten Ihnen die Bischöfe, deren es hier viele gibt, einen bösen Streich spielen; seien Sie daher in den Wirtshäusern künftig vorsichtiger, denn sie sind voller Polizeispione. Suchen Sie sich nach Venedig einzuschiffen, wo Sie nichts mehr zu fürchten haben." – Auf meine Erwiderung, daß ich nicht wisse, welchen Weg ich nach einem Seehafen einschlagen müsse, schrieb er mir selbst die Straße auf, welche ich nehmen müsse. Ich wagte es nicht, ihn um etwas Geld zu bitten, sondern bat ihn bloß um eine Flasche zum Wein und ein beinernes Schreibzeug, welches auf dem Tisch stand; er gewährte mir beides.

Ich begab mich sodann auf den Weg und füllte im Gehen mein Taschentuch mit Pilzen an. Die Nacht brach ein und leider verirrte ich mich. Indessen begegnete mir ein junger Schafhirt, welchen ich bat, mich diese Nacht in seine Hütte aufzunehmen. Er sagte, daß er mit seinen Brüdern deshalb sprechen müsse, die bald nachkommen würden. Ich wiederholte nun meine Bitte, sie möchten einen armen Pilger nach Loretto in ihrer Hütte, während der Nacht beherbergen. Der älteste, ein Bursche von ungefähr 17 Jahren erwiderte, sie hätten nichts als Stroh im Schafstall, wenn ich aber darin schlafen wolle, so sei ich willkommen. Ich nahm das Anerbieten dankbar an, und ging mit ihnen in ihre Schäferei, wo ich mich auf einen Baumast am Feuer niederließ. Sie machten sogleich ein Feuer an und kochten Bohnen zu ihrem Nachtessen. Ich fügte meine Pilze hinzu, die wir mit Öl, Wein, Knoblauch und Salz anrichteten. Während sie kochten, erzählte ich ihnen Geschichten aus dem Leben der Heiligen, und fügte Ermahnungen hinzu, wie sie ihrer Fassungskraft angemessen waren. Die armen Hirten, welche noch nie dergleichen gehört hatten, waren erstaunt darüber und baten mich, auf meiner Rückkehr von Loretto wieder einzukehren, um ihnen noch mehr dergleichen gute Sachen zu erzählen. Wir aßen zu Nacht und legten uns dann aufs Stroh.

Mit Tagesanbruch ließ ich mir den Weg zeigen und erstieg den höchsten Berg der Gegend, dessen Gipfel ich erst mittags erreichte; ich traf auf demselben Schnee an und hatte das Vergnügen von dieser Höhe herab zwei Meere vor mir zu sehen, das Meer von Toskana und das Adriatische. Es war ein großer überraschender Anblick! Ich stieg nun den Berg hinab und kam mit Sonnenuntergang am Fuß desselben an. Ich hatte noch ein langes Gehölz zu passieren um nach Goriano zu kommen. Ich war nur noch 300-400 Schritte davon entfernt und ging langsam in der Ebene fort, als ich vor mir eine Herde von zwölf Wölfen sah, die meinem Weg zuliefen. Ich hielt sie anfangs für

Hunde, als sie mir aber die Zähne zeigten, ohne zu bellen, und ich ihre langen Schweife bemerkte, so suchte ich sie mit Steinwürfen entfernt zu halten, worauf sie flohen und mir den Weg frei ließen. Ich eilte schleunigst vorwärts und meine Schmerzen an den Füßen vergessend, kam ich fast atemlos in Goriano an. Ich ließ mir den Weg ins Wirtshaus zeigen, wo ich vor dem Feuer einen Mann antraf, der ein Ansehen von Wichtigkeit hatte. Ich grüßte ihn höflich und begehrte etwas Wein, sowohl zu trinken, als um ein warmes Bad für meine sehr ermüdeten Füße zu bereiten. Der Mann fragte mich, wohin ich gehe und ich erwiderte ihm, daß ich, um ein Gelübde zu erfüllen, mich nach Loretto begebe. Er wünschte mich dessen glücklich entledigen zu können, als vier Gerichtsdiener, den Hut in der Hand, eintraten, welche ihm anzeigten, sie hätten seine Befehle voll zogen.

Hierauf brachten ihm mehrere Einwohner des Orts Geschenke, einige Tauben, andere Hühner oder Wein. Es waren, wie ich hörte, die Einwohner des Orts. Dann kamen noch mehrere Bauern, unter anderen einer mit seinen zwei Söhnen, wovon der eine in geistlicher Kleidung. Dieser setzte sich zu meiner Rechten und der Vater zur Linken. Ich glaubte aus den vielen Leuten, die hier versammelt waren, schließen zu können, der Mann von Wichtigkeit möge wohl ein Beamter sein, der von Ort zu Ort reise, um Vergehen und Verbrechen zu untersuchen, aber ich sah, daß ich im Irrtum war, als ich den Bauer, der neben mir war, sagen hörte: „Aber um Gotteswillen, Herr Kapitän, begnügen Sie sich doch mit den 15 Carolin, die ich Ihnen anbiete, und lassen Sie mir meine Esel wieder geben, denn wenn Sie mir dies abschlagen, so sind Sie Ursache, daß meine ganze Ernte, die ich noch nicht in der Scheuer habe, zugrunde geht."

„Nein", rief der Herr Kapitän, „du kriegst sie nicht wieder, wenn du mir nicht 30 Carolin in gutem Geld bringst."

„Aber wo soll ich diese große Summe hernehmen?" sagte der Bauer.

„Mach es wie du kannst", schrie der Kapitän, „so will ich es."

Diese gebieterische Rede veranlaßte mich zu wissen, wer denn dieser gestrenge Herr sei, und ich vernahm von dem jungen Menschen, den ich fragte, zu meinem Erstaunen, es sei der Henker, der eben zwei Verbrecher hingerichtet habe, und nun ihre gevierteilten Leichname in diese Berggegend bringe, um sie den Bewohnern zum schreckenden Exempel an den Orten auszustellen, wo sie die von ihnen verübten Mordtaten begangen hatten; da er nun mit einem Königlichen Befehl versehen sei, so nehme er überall, wo er passiere, Pferde und Esel um sie zu transportieren und wenn er kein Fuhrwerk finde, so besteure er selbst das Publikum, und lasse sich zahlen, wie es ihm gefalle. – „Mein Vater", sagte er, „wollte ihm 15 Carolin (fast eine Pistole) geben, um die Schande zu vermeiden, daß sein Vieh zu einem solchen Geschäft verwendet werde, und er verlangt 30 ohne etwas nachzulassen. Außerdem, daß es eine Schande ist, tut es uns noch sehr großen Schaden, jetzt vier Tage lang unsere Maultiere zu entbehren, wo wir das Feld bestellen sollen, und noch vieles in die Scheuer zu bringen haben. Wir sind daher hierhergekommen, um unsere

Maultiere gegen Erlegung einer Summe wieder zu erhalten." – Ich war etwas verlegen, mich so lange mit dem Henker unterhalten zu haben, ohne ihn zu erkennen. Ich glaubte, ich müsse mein Möglichstes tun, um ihn zu bewegen, sich mit dem zu begnügen, was ihm der Bauer angeboten hatte und hielt ihm in meiner Eigenschaft als Pilger eine Rede über die Pflicht seinen Nächsten zu lieben und ihm Gutes zu tun; stellte ihm das Elend des Landmanns dar, der sich in der Unmöglichkeit befinde, mehr zu geben, als er anbiete; kurz ich drängte ihn so sehr, daß er sich erweichen ließ und sich mit 15 Carolin begnügte.

Der hocherfreute Bauer drückte mir auf die lebhafteste Art seinen Dank und seine Freude für den Dienst aus, den ich ihm geleistet hatte, und sein Sohn sagte mir ins Ohr: „Mein Herr, das Sprichwort sagt sehr richtig, daß das Kleid nicht den Mönch macht; Sie sind gewiß kein Landmann, wofür Sie gehalten sein wollen, denn die Bauern können nicht so sprechen; erzeigen Sie uns die Ehre, mit uns zu essen." Ich nahm die Einladung an; das Abendessen bestand nur in Käse, Früchten und großen Zwiebeln, so süß wie Zucker. Der junge Mensch, der neben mir saß, hörte nicht auf mich zu fragen, und wollte wissen, wer ich sei? Um ihn loszuwerden, sagte ich ihm, ich suche in diesen Gebirgen eine balsamische Pflanze, ein Wort von dem ich glaubte, daß er es nicht verstehen werde. – „Ach!" rief er, „ich wußte wohl, daß Sie ein Gelehrter sind, ich bitte Sie inständig, mir etwas von der Medizin zu lehren, denn dazu habe ich mehr Lust, als zum geistlichen Studium, wie mein Vater will. Ich lerne nur Latein, um die medizinischen Bücher zu verstehen, ich bitte Sie, mir die vorzüglichsten zu nennen. Wenn Sie meinen Vater bewegen könnten, daß ich die Theologie fahren lassen dürfte und könnte meiner Neigung folgen, so würde ich Ihnen ewig dankbar sein."

Nachdem ich also den Schäferjungen den Katechismus vorgesagt, dem Scharfrichter gepredigt und den Advokaten des Bauern gemacht hatte, so sah ich mich nun auf einmal zum Doktor der Medizin erhoben. Da ich darin nicht ganz unwissend erscheinen wollte, so empfahl ich dem jungen Geistlichen den Hippokrates, Galen und Paracelsus, als die besten Schriftsteller. – Aber ich machte ihm zugleich bemerklich, daß er Physik, Anatomie und Pflanzenkunde, sowie Mineralogie verstehen müsse, er dürfe selbst in der Astronomie nicht ganz unbewandert sein, er müsse sich auf die Physiognomik verstehen usw.; er müsse auch imstande sein, selbst die Arzneimittel zu bereiten, um nicht von der Willkür und Unwissenheit der Apotheker abzuhängen, die oft allzu starke Dosen geben und statt den Kranken zu heilen ihn in die andere Welt schicken. – Wenn er, fügte ich dieser Rede hinzu, sich für fähig halte, alle diese Schwierigkeiten zu überwinden, so würde ich gern seinem Vater raten, ihn seiner Neigung zu den medizinischen Wissenschaften zu überlassen; indes fürchtete ich, daß mir dies nicht gelingen würde, da die Väter oft einen großen Wert darin setzten, einen Geistlichen in ihrer Familie zu haben.

Ich wendete mich jetzt zu seinem Vater, und fragte ihn, wie viele Kinder er habe?

„Zwei Söhne und eine Tochter."

„Und was gedenkt Ihr aus Euren Söhnen zu machen?"
fuhr ich weiter fort. – Er erwiderte mir, daß er aus dem,
welcher neben mir gesessen, einen Priester machen wolle,
damit er dereinst ein Stütze seiner Familie und seines
Alters werde, denn sobald er die Weihen erhalte, würden
die Gründe, worauf er angewiesen werde, von den Steuern
befreit, die man dem König zahlen müsse, die oft so stark
sind, daß man, um sie abzutragen, die Hälfte seiner Güter
verkaufen oder als Hypothek einsetzen müsse. Dazu komme die Habsucht der Beamten und Einwohner, welche die
Bauern oft ganz ausplündern, so, daß dies sonst so frucht-
bare und gesegnete Land ganz von Geld entblößt sei. Wenn
aber sein Sohn die Weihen erhalten habe, so sei er frei von
allen diesen Plackereien. – Ich erwiderte ihm, daß er nicht
um seines Vorteils willen, sondern zur Ehre Gottes seinen
Sohn der Kirche widmen müsse usw.; ich erzählte ihm, daß
die alten Römer und Spartaner ihre Söhne, ehe sie solche
einem Geschäft bestimmten, sie durch die Straßen der
Stadt führten, um sich dasjenige zu wählen, welches ihnen
am meisten gefiele; ich fragte ihn, ob er die Anlagen seines
Sohnes geprüft habe, und ob er wisse, daß dieser mehr
Neigung zum geistlichen Stand, als zu einem anderen
habe? Nach anderen Vorstellungen ähnlicher Art erwiderte
er: er wisse wohl, daß sein Sohn große Neigung zur
Medizin habe, aber er werde, ehe er dazu gelange, tot sein.
Ich suchte ihm diese Grille zu widerlegen und es schien,
nach vielen Hin- und Herreden mir gelungen zu sein, ihn
zu überzeugen, daß es besser sei, sein Sohn werde gern ein
Arzt, wenn auch nur ein mittelmäßiger, als wider Willen

ein Geistlicher. Der Bauer schien zufrieden über den ihm erteilten Rat und wir legten uns schlafen.

Am anderen Morgen luden mich Vater und Sohn ein, einige Tage bei ihnen zuzubringen, aber ich lehnte diese Einladung ab, um meine Reise schneller fortzusetzen. Indessen riet mir der Vater abends zeitig einzukehren, indem eine große Menge Wölfe es gefährlich machten im Gebirge in der Dämmerung zu reisen; ihm selbst waren abends vorher zwölf dieser Raubtiere begegnet, die er und sein Sohn nur mit vielen Steinwürfen von sich abgehalten hatten. Ich erzählte ihm, daß auch mir die Wölfe begegnet wären, dankte ihm für seinen Rat und verließ mit frühem Morgen Goriano.

Bald gelangte ich auf den Gipfel eines Berges und sah zu meiner Rechten auf einer Anhöhe in einer schönen weiten Ebene die Stadt Sulmona, die Vaterstadt Ovids. Ich nahm den Weg nach der Stadt Popolo, wo der Fluß, der von Sulmona herkommt, sich mit der Bescara vereinigt, die sehr reich an Fischen und besonders an sehr schmackhaften Forellen ist. Die Stadt ist groß, lebhaft und hat viel Handel. Ich kehrte in einem Gasthof ein, aß zu Nacht, und schlief auf dem Stroh. Zwei Stunden nach Mitternacht sah ich, wie die Maultiertreiber ihre Tiere mit großen Warenballen beluden, um sie nach dem Hafen von Bescara zu bringen, wo sie eingeschifft werden sollten. Ich beschloß demnach auch dahin zu gehen, und verließ in ihrer Gesellschaft das Gasthaus. Mit Tagesanbruch kam ich nach Tocco, welches der Familie Pignatelli gehört. Hier machte ich die Bemerkung, daß wenn ich bei meinem wenigen Geld im Hafen mit der Einschiffung aufgehalten würde, oder wegen widrigen Windes irgendwo liegenbleiben müßte, so könnte ich Gefahr laufen, angehalten und gefangen zu werden; ich beschloß daher mich zu einer Verwandten an der neapolitanischen Grenze zu begeben, von der ich überzeugt war, daß sie mich mit Geld und Kleidern unterstützen werde; auch könnte ich mich daselbst einige Tage lang von den großen Beschwerden und Anstrengungen der letzten Zeit erholen. Ich schlug also einen anderen Weg ein, und kam abends bei einem Kapuzinerkloster an. Die guten Väter waren sehr gastfreundlich, setzten mir Brot, Wein und eine Bohnensuppe vor, so daß ich ein gutes Mahl hielt.

Am folgenden Tag nahm ich nach Anhörung einer Messe den Weg nach Civita-Penna und begegnete noch ehe ich dahin kam, zwei Bauern, welchen ich mich anschloß. Auf ihre Frage, wo ich hingehe, erwiderte ich, daß ich nach Loretto reise. Ich unterhielt mich mit ihnen von geistlichen Dingen, welche sie sehr aufmerksam anhörten und sich gegenseitig ihr Vergnügen bezeigten, einem so frommen Mann begegnet zu sein. Da ich ihnen sehr ermüdet schien, so luden sie mich ein, einige Tage in ihrem Land auszuruhen. Ich erwiderte ihnen, daß ich ein armer Mann sei, der in keinem Gasthof einkehren könne, wenn ich aber teilnehmende Leute fände, die mich in ihr Haus aufnähmen, wo ich bloß ein Lager fände, ohne etwas mehr zu verlangen, so würde ich eine solche Güte gern annehmen. Der eine der Bauern, welcher Ascagno hieß, sagte, wenn ich mit dem zufrieden sein wolle, was ein armer Landmann geben könne, so würde er mir eine Matratze geben, wo ich mich ausruhen könne, ohne daß es mich etwas kosten solle, welches Anerbieten ich dankbar annahm.

Wir kamen zwei Stunden vor Einbruch der Nacht in der Heimat der Bauern an. Ascagno führte mich in sein Haus, wo ich mit seinem Vater und seiner ganzen Familie aß. Sie behandelten mich alle mit der größten Höflichkeit. Mehrere ihrer Verwandten kamen abends zum Besuch und brachten nach der Sitte des Landes Gitarren und andere Instrumente mit, wozu sie sizilianische Lieder sangen, und mich sehr dringend baten, ihnen ebenfalls etwas zu singen, indem sie mir zugleich die Gitarre in die Hand gaben. Ich konnte es ihnen nicht abschlagen und sang ihnen einige neapolitanische Kanzonetten, die ihnen so sehr gefielen, daß ich sie einigemal wiederholen mußte. Am folgenden Abend luden mich dieselben Personen zum Abendessen und führten mich nach reichlicher Bewirtung unter die Fenster ihrer Mädchen, um ihnen eine Serenade zu bringen. Zum Glück fiel keine Unordnung vor, wie es sonst häufig bei solchen Gelegenheiten der Fall ist. – Sie verlangten, ich sollte auch am folgenden Tag dableiben, da ich aber hörte, daß ein Bischof daselbst residiere, so hielt ich es für das Beste, mich zu entfernen. Ich reise also am folgenden Morgen ab; Ascagno begleitete mich mehr als eine Meile weit. Er riet mir, wenn ich den nahen Fluß passieren würde, sehr vorsichtig zu sein, indem er gefährliche Stellen habe; worauf er mich verließ. Ich kam glücklicherweise gerade bei dem Fluß an, als einige Bauern mit ihren Eseln ihn durchwateten. Ich sparte weder Bitten noch Versprechungen mich auf eines ihrer Tiere sitzen zu lassen, aber es war alles vergeblich, und ich fand, daß in dieser Klasse von Menschen die Scipios und Ascagnos seltene Erscheinungen sind.

Ich wartete am Ufer ungefähr eine halbe Stunde, um zu sehen, ob ich nicht eine andere Gelegenheit finden würde, über den Fluß zu kommen, bis endlich ein armer Reisender kam, der ebenfalls auf das andere Ufer wollte. Ich beschloß ihm zu folgen und ging in das Wasser, das mir plötzlich bis an die Hüften reichte. Als ich mitten im Fluß war, geriet ich in eine große Angst, denn das Wasser war viel tiefer, als ich geglaubt hatte und so kalt wie Eis, während die Steine, auf welche ich trat, die Schmerzen meiner wunden Füße verdoppelten. Aber endlich gelang es mir, das andere Ufer zu erreichen, wo ich mich fast ohne Gefühl auf den Sand niederließ, da ich keine Kraft mehr hatte, mich aufrecht zu erhalten; ich suchte meinen Füßen durch Reiben und Zudecken mit meinem Mantel ihre natürliche Wärme wiederzugeben. Endlich fand sich Leben und Bewegung wieder etwas ein und ich schleppte mich, so gut ich konnte, fort. Gegen Mittag kam ich in eine kleine Stadt, ging sogleich in die letzte Messe, und dann ins Wirtshaus. Ich erhielt zum Mittagsessen vier Schollen (eine Art Fische), ein großes Stück Brot und eine Flasche Wein. Die Fische waren so schmackhaft, daß ich noch vier aß und dann noch einmal ein solche Portion, da ich außerordentlich hungrig war. Der erstaunte Wirt brachte sie mir. Indessen sind die Fische nicht groß und sehr wohlfeil, da das Meer nahe ist. Das Öl ist hier das beste in Italien und alles so wohlfeil, daß ich für zwölf Schollen, nebst Brot und den Wein, nicht mehr als einen halben Paolo zu bezahlen hatte.

Ich setzte meinen Weg sehr zufrieden fort, für so wenig Geld so gut bewirtet zu sein, und wendete mich gegen das Meer. Nachdem ich bei mir selbst überlegt hatte, ob ich nicht einen Brief durch einen Eilboten an meine Verwandte schicken solle, hielt ich es für das Beste dies nicht zu tun, indem der Brief verlorengehen oder aufgefangen werden könnte. Ich beschloß demnach selbst zu ihr zu gehen, und hatte die Überzeugung, sie werde sich teilnehmender und mitleidiger gegen mich bezeigen, wenn ich selbst sie besuchte, als durch einen dritten eine Darstellung meiner Lage an sie ergehen ließe. Meinen Weg fortsetzend traf ich zwei Stunden vor Nacht im Angesicht der Stadt ein. Ich fand hier zwei Bauern, davon einer eine Herkulesgestalt hatte, und welchen ich daher bat, mich durch den Fluß zu tragen. Er verlangte eine Kleinigkeit, die ich ihm bewilligte. Als wir aber eben durch den Fluß gehen wollten, warnte ihn sein Kamerad, ich könne vielleicht ein Bandit sein, der sich fürchte, das Wasser in einem Boot zu passieren. Aber die Warnung fand kein Gehör bei meinem Träger und er brachte mich glücklich durch den Fluß.

Da die Sonne noch schien, so wartete ich in einem Gebüsch den Einbruch der Nacht ab; sobald es dunkel war, ging ich nach der Stadt, wo meine Verwandte wohnte. Im Tor begegnete ich einer Anzahl Häscher, welche herausgingen, aber sich nicht um mich bekümmerten. Ich war als ein Knabe von neun Jahren schon in dieser Stadt bei der Hochzeit meiner Tante gewesen und erinnerte mich noch dunkel der Gegend, wo sie wohnte. Ich fand ihr Hans glücklich und klopfte an die Tür; eine Magd kam sie zu öffnen, und ich fragte, ob ihr Herr nicht zu Hause sei? Sie erwiderte: Nein, aber die Frau sei zu Hause. Ich sagte ihr nun, ich hätte einen Brief an sie abzugeben, und wünsche sie zu sprechen. – Die Frau kam jetzt selbst und führte mich in die Küche, wo auch ihre 17jährige Tochter sich befand. Ich bat ihren Mann erwarten zu dürfen und setzte mich nieder. Sie fragte mich nun, wer ich wäre und wo der Brief sei, den ich abzugeben habe? Ich bat dagegen, sie möchten die Haustür zumachen lassen, was sie aber verweigerten, indem diese Tag und Nacht offenstehe. Man muß wissen, daß diese Gegend häufig Räuberanfällen ausgesetzt ist, welche die Häuser plündern; wenn demnach ein Unbekannter eintritt, lassen sie die Tür offen, um so gleich den Nachbar zu Hilfe rufen zu können.

Meine Tante und ihre Tochter hielten mich, wie sie mir nachher gestanden, für einen Spion oder Räuber, ich sah ihnen das Mißtrauen an, und nannte daher die Mutter bei ihrem Taufnamen, indem ich sie um Nachrichten von ihren Verwandten befragte. Sie bat mich mit einem Seufzer, sie nicht daran zu erinnern. „Einer meiner Vettern", erzählte sie, „kam vorigen Sommer hier durch um meine Tante nach Deutschland zu begleiten; ihr Abschied zerriß mir das Herz, denn ich werde sie nicht wiedersehen. Ein anderer meiner Vettern sitzt in Rom gefangen in den Kerkern der Inquisition und diesen werde ich auch erst im Paradies wiedersehen." Sie weinte dabei bitterlich.

Ich war ebensosehr von dem Andenken an den Abschiedsbesuch meiner Mutter ergriffen, als von der Teilnahme, die meine Tante an meinem Unglück darlegte. Nur mühsam hielt ich meine Tränen zurück und sagte mit angenommener Standhaftigkeit, die Gefangenschaft ihres

Vetters sei zwar ein großes Unglück, man müsse sich jedoch dem Willen der Vorsehung unterwerfen, die nicht unerbittlich sei; sie habe vielleicht Ursache der göttlichen Barmherzigkeit zu danken, indem ich ihr vielleicht einige gute Nachrichten mitteilen könne. – „Welche gute Nachrichten kann man über einen Menschen erwarten, der in einem tiefen Kerker begraben ist?" erwiderte sie! – Und doch, sagte ich, ist es gewiß, daß ihr Vetter gerettet ist und sich in diesem Land befindet. Sie stieß vor Überraschung einen Schrei aus und rief: „Also ist er gerettet?"

„Ja, er ist frei, er ist hier in der Nachbarschaft, aber in einem elenden Zustand und schickt mich, Sie um Ihre Unterstützung zu bitten; er ist in aller Hinsicht bemitleidenswert und nach den grausamsten Verfolgungen in einem Zustand, daß er Ihres Wohlwollens dringend bedarf."

Während ich so zu ihr sprach und um sie mehr zu rühren einen Teil der Widerwärtigkeiten und Beschwerden erzählte, die ich erduldet hatte, sah sie mich starr an; sie bemerkte, daß meine Aussprache mehr römisch als neapolitanisch war und mein Bild von ehedem schien sich in ihr nun zu gestalten; voll Freude warf sie sich an meinen Hals und rief: „Ach, Sie sind mein Vetter!"

„Ja", erwiderte ich, „ich bin es."

Auch die Tochter umarmte mich und rief: „Gott sei gelobt!"

„Sie sehen mich", fuhr ich fort, „in traurigen Umständen und ganz außerstande Ihnen Angenehmes zu erweisen – aber lassen Sie, ich bitte, die Tür schließen, damit niemand von mir rede; ich fürchte, selbst der Wind könne mich entdecken."

Meine Tante billigte meine Vorsicht; sie ließ sogleich ihren Mann rufen, der mich augenblicklich erkannte, ungeachtet der elenden Kleidung, in der ich steckte. Er führte mich in ein oberes Zimmer, von wo ich im Fall des Nachsuchens in das benachbarte Haus und auf einen Wall der Stadt kommen könnte. Hier sollte ich schlafen, bis er auf weitere Mittel gedacht hätte, mich zu verbergen; denn wenn man unglücklicherweise argwöhnen sollte, daß ich hier sei, so wäre zu befürchten, der Bischof könne herschicken und mich bei ihm als einen Verwandten suchen lassen. Ich dankte ihm für seine Sorgfalt und wir gingen zu Tisch. Hier zeigten mir meine Verwandten, wie sehr sie erfreut waren, mich in Freiheit zu wissen und betrugen sich aufs freundlichste gegen mich.

Am folgenden Morgen führte mich mein Vetter in ein anderes Haus, dessen Besitzer auf dem Land war, und der ihm den Schlüssel dazu anvertraut hatte. Er sagte mir, einer meiner Neffen sei zu Ascoli, wo er ihn holen würde. – Er wußte, daß mich dieser sehr lieb hatte, da er in Rom im Haus meines Vaters erzogen worden war. Zugleich trug ich ihm auf, mir dort eine Perücke zu besorgen, um mich zu verstellen. Er brachte mir wirklich eine mit nebst einem langen Brief meines Neffen, in welchem er mir berichtete, was man alles in Rom über mich gesagt, und gegen mich getan hatte. Er meldete mir unter anderen, man hoffe Alfonsis Beinbruch zu heilen, seine Frau sei aber vor Kummer, daß man ihn in einem so üblen Zustand gefangen habe, gestorben. Meine Tante ließ mir nun einen guten Rock machen, versah mich mit Wäsche und verlangte, daß ich mir den langen Bart abnehmen ließ. Ich tat es und ließ nur einen großen Schnurbart stehen, so daß ich wie ein Türke aussah; ihr Mann riet mir, mich nach Venedig einzuschiffen, wohin mein Bruder, der Geistliche, zum Karneval kommen würde, bei dem ich Unterstützung und Unterkommen finden könnte. Er fügte hinzu, daß er ihm eine Kiste mit wohlriechenden Essenzen, Schinken und einigen Früchten für die Fastenzeit zu schicken habe, deren Überbringer ich sein könne. Ich sagte ihm dies zu und überließ ihm ganz die Sorge für meine Person.

Man packte nun die Kiste und ich schrieb die Adresse und den Avisbrief im Namen des Übersenders, damit mein Bruder, aus der Handschrift, die er kannte, schließen könne, daß ich in Sicherheit sei, aber man gebrauchte die Vorsicht, meiner auf keine Art zu erwähnen. Man bestellte mir dann einen Platz in einem Schiff, das in einem benachbarten Hafen lag und in 20 Tagen abgehen sollte. Bei meiner Abreise gab mir meine Tante ein Paket mit der nötigen Wäsche und 12 Pistolen, wobei sie sich entschuldigte, mir diesmal nicht mehr geben zu können. Mit Tränen schied ich von meinen teuren Verwandten, die mich so liebevoll behandelt hatten.

Mein Vetter begleitete mich zum Hafen. Ich sprach mit dem Bruder des Schiffspatrons, in dessen Schiff man die Kiste an meinen Bruder getan hatte; mein Vetter kehrte sogleich ans Land zurück und ich blieb im Logis des Kapitäns, den ich oft fragte, wann er abreisen würde, denn ich hatte geglaubt, er würde sogleich nach meiner Ankunft abfahren. Er erwiderte mir jedesmal, er wolle guten Wind erwarten. Ich schlief die Nacht bei ihm und überlegte, daß, wenn ich vielleicht 8-10 Tage dableiben müßte, so würde ich in steter Furcht und Gefahr sein, entdeckt zu werden. Dies bewog mich, meinen ganzen Reiseplan zu ändern und dies so insgeheim zu tun, daß selbst meine Verwandten nicht wüßten, wohin ich mich begeben hätte, nicht aus Mißtrauen gegen sie, sondern weil es möglich wäre, daß sie leicht ein Wort über meinen Aufenthalt fallen lassen könnten, was mir sehr zum Nachteil gereichen könnte. Ich verließ demnach am folgenden Morgen sehr früh die Wohnung meines Schiffpatrons und nahm meinen Weg längs des Meers. Nachdem ich in der diesseitigen Provinz Abruzzo angekommen war, beschloß ich nach Sizilien hinüberzugehen, um zu versuchen, ob ich nicht in Messina einen sicheren Aufenthalt und einige Gelegenheit zum Erwerb durch Musik oder durch Dienst finden könnte, weshalb ich den Namen Philippo di Vecchi annahm.

Ich durchreiste demnach das Königreich Neapel und kam in die jenseitige Provinz Abruzzo. In 6-7 Tagen langte ich zu Policastro an, wo ich für 3 Carolin ein Schiff bestieg, das mich nach Messina übersetzte. Ich sah im Anlanden den schönsten Hafen der Welt, aber fast alle Paläste und Häuser waren durch Balken gestützt, da kurz vorher ein schreckliches Erdbeben die größten Verheerungen angerichtet hatte; einige Gebäude waren halb offen, und viele andere ganz zusammengestürzt.

Als ich eines Tages am Hafen spazierenging, sah ich zwei Musiker aus Rom gerade auf mich zukommen ich erkannte sie sogleich und wendete mein Gesicht ab, damit sie mich nicht erkennen möchten, denn sie waren ehemals in Rom fast täglich bei mir. Dieses Zusammentreffen veranlaßte mich, meinen Vorsatz, in Messina zu bleiben, abzuändern, denn ich würde hier nicht 14 Tage gewesen sein, ohne von ihnen entdeckt zu werden. Nach fünf Tagen, die ich in Messina zugebracht, ging ich also wieder über die Meerenge nach Policastro, wo ich hergekommen war.

Hier überlegte ich, daß weder in Italien, noch in den benachbarten Staaten Sicherheit für mich sei, und es ward meine ehemalige Neigung rege, Asien zu sehen, und mein Leben in Persien zu beschließen. Ich beschloß demnach nach Otranto zu gehen, und mich dort nach Albanien einzuschiffen, von da nach Konstantinopel zu gehen, daselbst das Türkische zu lernen, von da mit der ersten Karawane nach Mekka zu reisen und dann nach Hormuz. Mit diesen schönen Ideen schmeichelte ich meinen Hoffnungen und stillte meine innere Unruhe, aber man wird bald sehen, wie sehr das Geschick mit den Vorsätzen der Menschen spielt.

Von Policastro aus nahm ich den Weg nach Lagonero, kam nach Tursi und ein Boot führte mich auf dem Fluß Sallandrelle nach Tarent. Von hier ging ich nach der Stadt Specchia Rugiero, wo eines Abends mir ein trauriges Abenteuer begegnete.

Ich schritt langsam dahin und dachte daran, wo ich die Nacht über bleiben könnte, als zwei Männer aus einem Gehölz hinter mir herkamen. Ich ahnte nichts Böses von ihnen, aber plötzlich schlug mir einer mit seinem Stock den Hut vom Kopf. Ich wendete mich um, und fragte ihn, was ihn zu dieser Handlung bewege, als er mir einen zweiten Schlag auf die Schulter gab; ich wollte ihm den Schlag mit dem meinigen zurückgeben, aber sein Begleiter kam mir zuvor und gab mir einen so heftigen Stoß, daß ich den Atem verlor. Sie verdoppelten nun ihre Schläge, so daß ich wie tot zur Erde stürzte, dann sprangen sie auf mich, zogen mir Rock und Beinkleider aus und raubten mir meine ganze Barschaft. Ich blieb länger als eine halbe Stunde auf dem Boden liegen, ohne mich rühren zu können. Es war schon Nacht und sehr dunkel. Man kann sich meine traurige Lage denken. Mein einziges Glück war, keinen Schlag auf den Kopf erhalten und kein Bein zerbrochen zu haben, sonst würde hier meine Geschichte zu Ende sein.

Ich befand mich jetzt ohne Kleider, ohne Geld und hatte nichts an als mein Hemd und meine Unterbeinkleider, war mit Kontusionen von den empfangenen Schlägen bedeckt und wußte nicht, wohin ich mich wenden sollte. Ich erhob mich endlich wieder auf die Füße und da ich in der Ferne Licht sah, ging ich darauf zu. Mit vieler Mühe nur konnte ich mich dahin schleppen: es war eine Schäferei. Die guten Leute, welche darin waren, behandelten mich mit vieler Barmherzigkeit, nachdem ich ihnen mein Unglück erzählt und ihnen meine Beulen und Quetschungen gezeigt hatte. Sie wuschen mich mit warmem Wein, deckten mich mit Schaffellen zu und gaben mir eine große Schale warmer Milch zu trinken. Um mich zu trösten, sagten sie mir, man hänge täglich einige dieser Bösewichter, könne sie aber noch immer nicht ganz vertilgen, ich könne mich glücklich schätzen, daß sie mich nicht umgebracht hätten. Sie richteten mir dann im Heu eine Schlafstätte zu und überließen es mir, die Ruhe zu suchen, deren ich so sehr bedurfte.

Ich erinnerte mich, in meine Unterbeinkleider zwei Goldstücke von Innozenz XI. eingenäht zu haben, die ungefähr 60 Sols betrugen. Ich fand sie glücklich noch an ihrem Ort, worüber ich eine große Freude hatte; denn ich durfte mit diesem Geld doch nicht fürchten, Hungers zu sterben, und konnte wenigstens Brot kaufen. Ich ruhte, wiewohl unter Schmerzen, bis zum Anbruch des Tages, und war am Morgen etwas weniger matt, als am gestrigen Abend. Die guten Hirten gaben mir zum Abschied ein großes Stück Brot und eine Schale warme Milch. Ich nahm dankbar Abschied von ihnen und ließ mir den Weg nach Otranto zeigen; um die Schaffelle zu befestigen, welche ich statt der Kleidung trug, machte ich mir einen Gürtel von Weiden. – Unterwegs mußte ich die Schönheit und den Reichtum dieser fruchtbaren Gegend bewundern. Auf allen Seiten zahllose Viehherden, wie man sie in Arkadien schildert, besonders aber eine erstaunliche Menge welscher Hähne (Indians) von außerordentlicher Größe, die oft mehr als 20 Pfund wiegen. – Ich kam gegen Abend vor Otranto an, wo ich um Almosen zu bitten gedachte, um so viel Geld zusammenzubringen, daß ich nach Asien übergehen könnte. Aber ehe ich in die Stadt eintrat, begegnete mir ein Geistlicher, ein Bekannter aus früheren Zeiten.

Als ich nämlich im Dienst des Kardinal Basadonna war, bat mich ein Freund um Empfehlung für einen armen Geistlichen zur Erlangung eines Kanonikats. Ich tat es, und verwendete mich mit Wissen meines Herrn für den kalabrischen Priester und diese Empfehlung hatte so viel Erfolg, daß die Ausfertigung einige Zeit darauf an den

Kardinal Basadonna geschickt wurde. Dieser trug mir auf, sie meinem Freund einzuhändigen, der sie dann dem Kalabrier übergab. Dieser kam damals nach einigen Tagen, mir seinen Dank abzustatten; er schickte mir auch einen Schinken, Käse und ein Fäßchen von den großen schwarzen Rosinen seines Landes, die in Rom selten sind. Außerdem wollte er mir noch 2 Pistolen für den Dienst schenken, den ich ihm geleistet hatte, die ich jedoch nicht annahm. Nach vielen Dankesbezeugungen von seiner Seite verließ er mich mit der Versicherung, er werde niemals den Namen Pignata vergessen.

Als ich nun dem Priester von Otranto begegnete, dünkte es mich, ihn schon irgendwo gesehen zu haben. Da er ein gutmütiges Ansehen hatte, so redete ich ihn an und bat um ein Almosen. Er fragte mich, woher ich sei? und als ich ihm antwortete: von Rom, fragte er mich, wo ich gewohnt habe? Ich sagte ihm: in der Straße Coronari und vorzüglich in Borgo nuovo nahe am Vatikan. „Ich habe Ursache", erwiderte er, „Rom und die Römer zu lieben, denn ich habe dort gute Menschen gefunden, die mein Glück begründet haben; der Kardinal Basadonna war mein Gönner; durch diesen habe ich mein Kanonikat an dem Dom dieser Stadt erhalten. Er hatte einen Sekretär, der Pignata hieß und sich viel Mühe meinetwegen gab, ich werde ihn nie vergessen." Das Andenken an diesen guten Herrn und die sichtbare Gunst des Himmels, der mir in diesem traurigen Zustand begegnete, rührten mich tief, so daß mir die Tränen von den Wangen liefen. Er fragte mich, warum ich weine? und ich sagte ihm: „Ich bin jener Pignata." – „Sie Pignata?" rief erstaunt der Kanonikus, und ich erinnerte ihn, daß ich von ihm das Fäßchen Trauben, den Käse und Schinken erhalten hätte; er ergriff meine Hand und bat mich, ihm zu folgen.

Als wir in seinem Haus angekommen waren, mußte ich ihm die Geschichte meiner Leiden und Unfälle bis zu dem letzten bei Carpignano erzählen, wovon ich noch die Denkmäler am Leibe trug. Er hörte mich mit Erstaunen und Bedauern. „Aber", sagte er, „da geschehene Dinge nicht zu ändern sind, so freut es mich wenigstens, Sie in diesem so weit von Rom entfernten Land zu sehen, wo man niemals etwas von Ihrer Gefangenschaft gehört hat." Ich bat ihn, mich wohl verborgen zu halten, da ein Bischof in dieser Stadt residiert. Er versicherte mich, daß ich in seinem Haus völlig sicher sei; schon die Dankbarkeit verpflichte ihn, sich meiner anzunehmen, er werde sich morgen im Hafen erkundigen, ob nicht irgendein Fahrzeug nach Vallona abgehe, wo die Überfahrt nur sehr kurz sei. – Ich dankte ihm für seine Fürsorge und versicherte ihn, daß ich die schnellste Abreise für das Sicherste halte. Er schenkte mir ein Kleid von seinem Bruder, das ganz nach der Mode des Landes gemacht war; er zahlte dann meine Überfahrt, gab mir Lebensmittel mit, unter anderen zwei große Indians, und bei der Abfahrt gab er mir noch 2 Pistolen und sagte, er hoffe, ich werde solche wenigstens diesmal annehmen, da ich sie zu Rom anzunehmen verweigert habe; wenn wir uns wiedersähen, könnte ich sie ihm zurückgeben, wo nicht, so möge ich sie als einen Dank von ihm annehmen und fügte hinzu, wenn ich meine Abreise nicht so beschleunigt hätte, so würde er imstande gewesen sein, mir mehr anzubieten.

Nach einem dreitägigen Aufenthalt zu Otranto verließ ich es nun und begann die Reise nach Albanien. Der Wind war an diesem Tag so günstig, daß wir uns abends schon in der Nähe der Küste befanden; man sah schon Vallona, aber mit Einbruch der Nacht wendete sich der Wind und kam uns gerade entgegen. Das Meer geriet in Bewegung und der Sturm ward so heftig, daß wir mehrere Male uns für verloren hielten. Zur Vermehrung des Unglücks strömte noch ein so heftiger Regen herab, daß die Matrosen allen Mut und die Kraft verloren, zu arbeiten; sie waren gänzlich durchnäßt. Der fortdauernde starke Regen, die Wogen, die über unser Schiff herschlugen, die Erschöpfung und Erstarrung setzten unsere Leute ganz außer Stand zu arbeiten. Das große Segel in der Mitte hatte so viel Wasser eingesogen, daß seine Schwere das Schiff zur Seite drückte und wenn zugleich die Balken, womit es beladen war, auf jene Seite gerollt wären, so würden wir untergegangen sein. Mitten in dem fürchterlichen Sturm brach auch der Ring, der das große Segel festhielt und nur mit Mühe gelang es den Matrosen, welche hinanklimmten, es mit Seilen wieder zu befestigen. Dieser Sturm dauerte die ganze Nacht, und erst am folgenden Nachmittag um 2 Uhr sahen wir Land und wußten, wo wir waren. Wir befanden uns nämlich gerade vor Zara in Dalmatien. Unsere Tartane lief zwischen den kleinen Inseln ein, die sich hier befinden, aber sie konnte den Hafen nicht erreichen und lief Gefahr an den Klippen zu scheitern. Ein edler Venezianer, der Hafenkapitän, der uns in Gefahr sah, vor dem Hafen unterzugehen, schickte uns eine Schaluppe mit acht Ruderern, die uns ein Tau zuwarfen und uns in den Hafen bugsierten.

Wir waren mehr tot als lebendig, da wir ankamen, besonders ich, der den Neptun nie in seinem Zorn gesehen hatte. Da ich der Ruhe sehr bedurfte, so begab ich mich in eine Fischerhütte. Hier kamen meine traurigen Gedanken wieder. Ich wußte nicht, welchen Entschluß ich ergreifen sollte, da alle meine Reisepläne gescheitert waren. Ich überlegte, daß ich sehr weit von Asien entfernt sei, daß ich weder von der türkischen noch griechischen Sprache ein Wort verstehe, daß ich nur 2 Pistolen an Geld hatte und daß, wenn ich mit Almosenbitten durch das barbarische Land reisen wollte, ich Gefahr liefe bald der Sklave irgendeines Türken zu werden. Alle diese Gründe brachten mich von meinem Plan ab und ich beschloß, mich nach Venedig einzuschiffen, wo ich wenigstens des Beistandes meines Bruders versichert war, der dort den Karneval zubringen wollte. Ich ging demnach in den Hafen, um mit einem Schiffspatron zu sprechen, der nach Venedig fuhr. Er begnügte sich für die Überfahrt und Kost mit 1 Pistole, und ich nahm einen Gesundheitsschein, der nur 20 Sols kostete, unter dem Namen Caspar Fidele. Während meines Aufenthalts in Zara war ich erstaunt, die Weiber Lasten tragen zu sehen, wie anderswo nur Männer es tun.

Drei Tage nachher war alles zur Abfahrt bereit. Ich trat in die Tartane, und das erste, was mir in die Augen fiel, war der Name meines Bruders, welchen ich eigenhändig auf den Ballen gezeichnet hatte, den mein Vetter ihm lange vorher sandte, und welchen ich schon längst an dem Ort seiner Bestimmung glaubte. Überrascht von diesem Umstand fragte ich einen der Matrosen, woher sie kämen und seit wann sie abgefahren wären, und ich erfuhr, daß sie vor fast vier Wochen aus dem Hafen von Giulia nova ausgelaufen waren, daß aber Wind und Wetter ihnen stets ungünstig gewesen und sie vom letzten Sturm so zurückgeworfen seien, daß sie fast die Hoffnung aufgegeben hätten, noch zum Karneval nach Venedig zu kommen, um ihre Ladung abzusetzen, die in Orangen, Öl, Feigen und Zitronen bestand. Ich erkannte nun, daß dieses Schiff das nämliche war, auf welchem ich mich hatte einschiffen wollen, und welches ich bei der Unbestimmtheit der Abfahrt verlassen hatte. Ich glaubte hierin ein besonderes Walten der Vorsehung zu sehen, die mich auf meinen Wegen leite. Als wir 15-20 Meilen von Zara entfernt waren, trat auf der Höhe von Melata eine solche Windstille ein, daß wir weder vorwärts noch rückwärts konnten. Das Meer war unbeweglich, ohne Wind noch Wellen, so daß der Schiffsherr es für zweckmäßig hielt, in Melata ans Land zu gehen, um daselbst den Wind zu erwarten. Einige unserer Matrosen gingen ans Land, um Wachholdersträucher zu holen, die sehr gut brennen.

Das Dorf Melata liegt auf so unfruchtbaren Klippen, daß man darauf nicht das geringste Gewächs oder Gemüse hervorbringen kann. Nur Buxbaum wächst in Menge. Der Wein, den man trinkt, kommt von anderen Orten her, und ist sehr schlecht. Das Rindfleisch ist sehr selten, und die wenigen Ochsen, die man antrifft, sind nicht viel größer als Ziegen. Man braucht sie zum Lasttragen, wie anderwärts die Esel. Die Einwohner essen selten Fleisch und nähren sich meistens nur von Fischen, davon einige Sorten von vorzüglichem Geschmack sind. Wir gingen sämtlich in die Kirche zur Messe. Im Vorbeigehen sahen wir die Vorbereitungen, welche die Einwohner machten, um ihren König zu krönen. Es ist dies ein Schatten von einem Königreich, welches die Republik Venedig, die hier die Oberherrschaft hat, jährlich drei Tage lang duldet. Während dieser Zeit hat der König so viel Gewalt, daß er z. B. Verbannte zurückrufen kann, ohne daß der Regierungsbeamte der Republik es verhindern darf. Zu Anfang des Festes begrüßten die Einwohner den König und brachten ihm ihre Glückwünsche dar. Da der König sah, daß wir Fremde waren, ließ er uns durch seinen Gardekapitän einladen, der vier Soldaten bei sich hatte. Auch ließ er diejenigen, welche sich auf den verschiedenen Fahrzeugen befanden, ebenfalls zum Fest laden.

Diese Höflichkeiten waren nicht ohne Interesse; denn es ist Herkommen, daß alle Schiffe, welche zu dieser Zeit hier landen, dem neuen König ein Geschenk von Lebensmitteln machen, die sie an Bord haben. Wir gingen nach dem Haus oder vielmehr zur Hütte des Königs, um ihm für die uns erzeigte Ehre zu danken. Unser Schiffsherr überreichte sein kleines Geschenk und Se. Majestät lud uns ein, nach der Messe, bei Ihr zu speisen. Unterdessen läuteten die Glocken zur Kirche und der König mit Buxbaum gekrönt und mit Bändern von rotem Papier geschmückt, gab seinem Gardekapitän ein Zeichen, der dann in slavonischer Sprache den Soldaten den Befehl zum Abmarsch gab. Sie marschierten zu zwei und zwei unter dem Schall von zwei Tambourins, wie sie in Italien gebräuchlich sind, wenn ein junger Mensch seinem Mädchen ein Ständchen bringen will. In der Mitte derselben ward eine Fahne von weißem und rotem Taffent getragen. Oben war ein Lorbeerkranz und auf der eisernen Spitze waren zwei Orangen zur Zierde aufgesteckt. Nach der Truppe zog der neue König in großem Pomp daher. Ihm folgten seine Verwandten, sämtliche Fremden und eine große Menge Volks. Nach der Messe begaben wir uns in demselben Zug wieder zurück nach der königlichen Hütte. In dieser standen zwei lange schmale Tafeln, mit 70-80 kleinen irdenen Tellern ohne Tischtuch, besetzt. Bloß am Ende der Tafel war ein kleines Tischtuch mit Bux geziert zu sehen. Es war dies der Platz des Königs und der Priester, nach deren Ankunft man sich sogleich zur Tafel setzte. Der König wollte den Schiffspatron und mich zur Seite haben, worüber wir uns sehr geehrt fühlen mußten, daher wir diese Ehre mit einer Flasche Branntwein bezahlten, womit wir ihn bewirteten. Die Tafel war ziemlich dürftig besetzt, woran der Sturm Ursache war, welcher verhindert hatte, zu fischen. Indessen hatte man sich bemüht, den Mangel an Fischen durch verschiedene Gemüse und Fleischspeisen zu ersetzen.

Nach der Tafel begab sich der König mit dem Pfarrer, den übrigen Geistlichen und dem ganzen Gefolge auf den Marktplatz, wo ein großer Baum aufgerichtet war, um welchen sich das ganze Volk versammelt hatte. Die beiden Tambourins und eine Pfeife ließen sich hören, worauf der König eine junge Frau zum Tanz führte. Hierauf fing die ganze Versammlung an zu singen, jeder sang, was ihm einfiel, und da diese Melodien sehr verschieden waren, so gab dies ein höllisches Konzert. Jeder paarte sich, wie es der

Zufall wollte, ohne darauf zu sehen, ob es ein Mann oder eine Frau war. Alle machten Sprünge, Stellungen und Bewegungen der seltsamsten Art, was einen sehr lächerlichen Anblick gewährte. Der Tanz hörte endlich auf und der König befahl meinem Schiffer und mir, jeder eine Flasche Branntwein zu zahlen, um die Damen zu bewirten, was wir mit Vergnügen taten. Da es indessen kalt wurde und die Folgen des Branntweintrinkens bei den Tänzern sehr sichtbar wurden, so zogen wir uns in der Stille, ohne Abschied zu nehmen, zurück.

Wir zündeten dann in unserem Fahrzeug ein gutes Feuer an, und nachdem wir uns erwärmt, suchten wir die Ruhe. Diese dauerte aber nicht lange, denn bald nach Mitternacht weckten uns die Fischer auf, um uns ihren Fang, eine Art Fische anzubieten, die man Gavoni nennt. Wir brieten diese auf Kohlen und fingen von neuem an zu essen. Mit Tagesanbruch bemerkte der Steuermann, daß der Wind sich günstig gewendet hatte und ließ daher ohne Zeitverlust die Anker lichten, aber wir hatten kaum 15 oder 20 Meilen zurückgelegt, als der Wind von neuem uns entgegen kam, so daß wir an der kleinen Insel Sylva landen mußten.

Wir fanden, daß diese Insel weniger holzreich war, als Melata, aber der Boden war fruchtbarer. Man baut viel Wein und hat Ölbäume und Gemüsegärten. Der Ort hat mehr das Ansehen einer Stadt als eines Dorfs, man sieht einen hohen Turm und drei Kirchen. Der Turm der Hauptkirche ist für diesen Ort sehr schön; auch ist ein Franziskanerkloster daselbst. Während wir die Messe hörten, brachte man die Leiche eines Mädchens von 17 Jahren, die mit Bux geschmückt, aber von armen Leuten sein mußte, da ihr Leichenzug sehr ärmlich war. Während man eine Sterbemesse für sie hielt, machten ihre Verwandten das Grab. Am folgenden Tag, der ein Festtag war, hörten wir die Messe im Dom, wo viele Leute waren. Die Messe wurde in slavonischer Sprache gehalten, und dauerte sehr lange, da der Meßner den Weihrauch jedem einzeln darbot, anstatt ihn allgemein zu geben. Nach der Messe ging alles ins Wirtshaus. Ein alter Mann, der sehr gut italienisch sprach, tat dem Schiffspatron das Anerbieten, das Steuerruder bis Venedig zu führen, wenn er unentgeltlich mitreisen könne. Er war von Sylva mehr als 30mal nach Venedig gefahren und der Fahrt dahin sehr kundig. Der Patron nahm seine Anerbieten an und da der Wind wieder gut geworden war, gingen wir am folgenden Morgen unter Segel.

Wir passierten den Carnero glücklich, welches die gefährlichste Stelle im ganzen adriatischen Meerbusen ist und kamen am dritten Tag glücklich bei Malomocco (vor Venedig) an, wo wir Anker warfen und die Nacht blieben, um nicht auf die Sandbänke bei der Einfahrt geworfen zu werden. Aber nach Mitternacht erhob sich ein furchtbarer Sturm mit Blitz und Donner, die Wellen bedeckten ohne Unterlaß das Schiff, so daß wir glaubten im Meer selbst zu liegen. Es war ein großes Glück, daß der alte Sylvaner das Steuerruder führte und die Matrosen befehligte, was sie tun sollten, sonst wären wir verloren gewesen. Aber er stand furchtlos vor den drohenden Wellen und im Sturm und widerstand mit seinem Steuerruder mit kaltem Blut dem Andrang der Wogen. Die Matrosen, von Arbeit erschöpft und voll Schrecken über die Gefahr, verloren den Mut, aber der Greis stand fest, wie ein Fels und ermutigte die übrigen. Endlich gelang es ihm, mit einem verlorenen Anker, einem zerbrochenen Tau und mit Verlust des Bootes, den Hafen zu erreichen. Hier schöpften wir wieder Mut und die Furcht vor dem Tod wich von unserem Antlitz. Mehr die Furcht vor dem Land, als vor dem Sturm hatte uns in Schrecken gesetzt, denn 30 Fuß rechts oder links vom Weg und wir hätten im Hafen selbst Schiffbruch gelitten. Hier tat der gute Greis Wunder, indem er stets lavierend uns in den Hafen leitete. Als wir uns außer Gefahr sahen, kamen uns von allen Seiten kleine Schiffe mit Fischen und Gemüse zu. Ich kaufte deren für einen Dukaten, um, nach meinem Versprechen, die Matrosen zu bewirten.

Ich hatte mich während der Fahrt oft mit dem Schiffsherrn unterhalten und er hatte mich gefragt, ob ich Bekannte zu Venedig hätte? Ich beantwortete ihm diese Frage mit Ja, und er wünschte daher, daß ich dazu beitragen möchte, ihm seine Waren verkaufen zu helfen. Ich erwiderte ihm, daß ich mich für seinen Handelsgesellschafter ausgeben wolle, jedoch ohne das Geld für die Waren einzunehmen. Er genehmigte diesen Vorschlag, indem ich hoffte, dadurch desto unbekannter zu bleiben, wenn ich für einen Schiffseigentümer gehalten würde. Als wir daher im Hafen angelangt waren, sagte er: „Nun, da sind wir in Venedig! Morgen früh werde ich die Erlaubnis holen, am Kai der Slavonier zu landen, und ich werde Sie mit in meine Schaluppe nehmen, Sie können dann ihren Gesundheitsschein visieren lassen, und überall hingehen.

Sie helfen mir meine Waren verkaufen, und ich nenne sie meinen Handelsgesellschafter."

Ich dankte ihm für sein Anerbieten und versprach ihm, für den Verkauf der Waren möglichst besorgt zu sein. Wir begaben uns am folgenden Morgen nach dem Sanitätsgebäude und hatten in einer Viertelstunde die Erlaubnis zum Verkauf der Waren. Ich verließ dann meinen Gefährten und versprach, ihn am folgenden Morgen auf dem Kai der Slavonier aufzusuchen und ihm von meinen Bemühungen Bericht zu erstatten.

Nach so vielen Gefahren und Beschwerden war ich also am 21. Januar zu Venedig. Ich bewunderte nicht allein alles, was ich in dieser prächtigen Stadt sah, welche die schönste Zierde des Meeres ist, sondern ich bewunderte auch mich selbst, in meinem kalabrischen Anzug, worin ich wie ein wahrer Hanswurst aussah, wie man ihn auf der Bühne in Kalabrien erscheinen läßt. Die Beinkleider waren auf den Knien offen, und zur Seite mit kleinen Bandschleifen von verschiedenen Farben besetzt. Über einem kurzen Wams hing ein ganz kurzer Mantel, dessen Kragen bis zum Gürtel herabfiel, so daß ich beim Spazierengehen in der Sonne über meinen Schatten lachen mußte, der eine seltsame Figur bildete. Indessen dachte ich doch ernstlich daran, meinen Bruder aufzusuchen. Als ich nun zwischen den kleinen Buden der Armenier und andern Handelsleute aus der Levante umherging, sah ich einen Geistlichen daherkommen, der mich lange ansah, wahrscheinlich wegen meines Anzugs. Er wollte Bockshäute kaufen, und konnte mit dem Verkäufer nicht einig werden. Endlich schloß er seinen Handel ab und fragte mich dann auf Kalabrisch, wer ich sei, und woher ich komme? Ich erwiderte ihm, daß ich aus Giulia nova im Neapolitanischen komme, ein Schiffer sei und Öl, Orangen, trockene Feigen und andere Waren zu verkaufen, auch verschiedene Kommissionen auszurichten habe, besonders auch an den Herrn Abbé Pignata, da ich aber noch nie in Venedig gewesen, so wisse ich nicht, wo er wohne. Er versicherte mich nun, ich habe einen Freund des Herrn Pignata vor mir, er sei noch gestern Abend mit ihm in der Oper im Theater San Luca gewesen. Er fuhr fort, mich viel zu fragen, so daß ich fast Lust hatte, ihn zu verlassen; endlich erbot er sich, mich selbst zum Abbé Pignata zu führen, wir würden ihn wahrscheinlich noch im Bett treffen, da er sich sehr spät niedergelegt habe. Unterwegs fuhr er fort, mich viel zu fragen, und endlich kamen wir bei dem Haus des Herrn Scietti an, wo mein Bruder wohnte.

Wir gingen in einen Saal, wo mich der Geistliche zurückließ und in das Zimmer meines Bruders eintrat. Ich war nahe genug, um zu hören, daß er einen Fremden anmeldete, den er anfangs für seinen Bruder gehalten; er habe sich jedoch später überzeugt, daß er es nicht sei, sondern ein Kaufmann, der ihm einige Waren aus dem Neapolitanischen überbringe. Einer meiner Neffen sprang heraus, und wollte mich erkennen, trat aber bald zurück und sagte, ich sei der Gondolier, der ihn gestern um Opernarien ersucht habe. Der Geistliche widersprach, und mein Neffe trat abermals heraus, erkannte und um armte mich. Er zog mich sodann in das Zimmer meines Bruders, der sich eben ankleidete. Mein Bruder empfing mich mit Freudentränen und dem herzlichsten Willkommen. Der

Geistliche, der ebenso gerührt schien, als wir, versprach mir, ebenso treu zu sein, als mein Bruder es nur sein könnte. Sie bewunderten meinen Unternehmungsgeist und meinen Mut in so vielen Gefahren. Ich mußte sogleich meinen kalabrischen Anzug ablegen und er gab mir von seinen Kleidern. Auch schickte er nach einem Barbier, um mich rasieren zu lassen, aber ich weigerte mich, meinen ungarischen Knebelbart abzulegen. Er ließ einen Schneider kommen, und bestellte mir ein blaues Kleid, mit silbernen Tressen und Knöpfen, in welchem ich, da ich es am dritten Tag anlegte, wie ein Offizier aussah. Indessen bemerkte ich meinem Bruder, daß es besser wäre, einen Rock zu haben, der mich mehr verberge. – Er erwiderte mir, da er nun einmal gemacht sei, so möge ich ihn anderwärts tragen, wenn ich ihn zu Venedig nicht anziehen wolle, und er werde mir daher einen anderen machen lassen, der sich mehr zu meinem Schnurrbart passe. Er bestellte mir daher eine ungarische Kleidung, so daß ich mit einer hohen Mütze und großem Säbel von jedermann für einen Ungar angesehen werden könnte. In diesem Anzug ward ich von meinem Bruder den Damen des Hauses vorgestellt, besonders der Frau von Scietti. Sie waren aus Rücksicht für meinen Bruder alle sehr artig gegen mich, da sie meine Schicksale durch ihn erfahren hatten. Besonders gütig war Donna Laura, die mich wie ihren Sohn behandelte, mich zu Tisch einlud, und mir in ihrer Gondel die Merkwürdigkeiten von Venedig zeigte. Man ging weder ins Theater, noch in die Oper, noch ins Ridotto, ohne mich mitzunehmen. Die Söhne ahmten der Mutter nach und erschöpften sich in Höflichkeiten gegen mich.

Mein Bruder führte mich auch zum Kaiserlichen Botschafter, Grafen de la Tour. Dieser Minister empfing mich mit dem größten Wohlwollen; er bot mir sein Haus, seine Tafel, seine Gondeln zum Gebrauch an, und versprach, wenn etwas zu meinem Nachteil sich ereignen sollte, so würde er mir Nachricht geben, und mich nötigenfalls selbst nach Gradiska ins kaiserliche Gebiet schicken. Er hörte die Geschichte meiner Gefangenschaft mit großem Interesse an.

Am folgenden Tag zog ich meinen blauen Tressenrock an und ging mit meinem Bruder nach dem Kai der Slavonier, um mit dem Schiffspatron zu reden, der mich hergeführt hatte, und meine Pakete in Empfang zu nehmen. Der Schiffsherr und die Matrosen bewiesen mir sehr viel Achtung, und einer sagte, er habe mich immer für mehr gehalten, als ich habe scheinen wollen. Dem Schiffer sagte ich, er möchte morgen zu mir kommen, da ich Kaufleute gefunden, die ihm seine Waren abnehmen würden. Er kam und mit Hilfe meines Bruders verkaufte er alle seine mitgebrachten Waren.

Da der Karneval vorüber war, während dessen ich immer maskiert ging, so zog ich nun meinen ungarischen Leibrock an und alles, was dazu gehörte. Indessen glaubte eine vornehme Dame, ich werde wohl nicht so barbarisch sein, als ich aussehe, und lud mich ein, ihr einen Operntext zu verfertigen. Ich wollte die gute Meinung rechtfertigen, und entwarf einen Plan, der ihr nicht mißfiel. Sie bat mich, ihn in Verse zu bringen, da aber mein Bruder im Dienst des Fürsten Eggenberg Musikdirektor war, und nach Grätz zurückkehren mußte, so konnte ich nur den ersten

Akt vollenden, den ich ihr mit dem Versprechen zurückließ, das übrige bald nachzuschicken.

Wir reisten in der Mitte der Fastenzeit von Venedig ab,
und kamen nach acht Tagen in Grätz an. Ich stieg bei
meinem Bruder ab, wo sich meine Mutter befand, die er
von Rom abgeholt hatte. Nachdem mein Bruder sie auf
meine Ankunft vorbereitet hatte, trat ich in ihr Zimmer;
sie umarmte mich mit Entzücken und weinte vor Freuden
bei der Erzählung meiner Befreiung.

Am folgenden Morgen führte mich mein Bruder zu
seinem Herrn, dem Fürsten v. Eggenberg, der mich sehr
gütig empfing. Er hörte meine Erzählung mit größter
Teilnahme an und indem wir in sein Kabinett traten, zeigte
er mir vier kleine Bilder, die ich im Gefängnis mit der
Feder auf Velin gezeichnet hatte, und sagte, daß er diese
meinem Unglück zu danken habe. Ich hatte diese kleinen
Bilder meinem Bruder geschenkt, als er mich im Gefängnis
besuchen durfte. Ich bemerkte dem Fürsten, daß wenn er
die Arbeit des Gefangenen gütig aufgenommen, es mir sehr
schmeichelhaft sein würde, wenn er jetzt einige bessere
Arbeiten annehmen würde, die ich bei mehr Mitteln dazu
gegenwärtig vollenden würde. Am folgen den Morgen
schickte er mir einen seiner Beamten und ließ mir sagen,
daß wenn ich mich mit monatlich 12 Dukaten und dem
Tisch begnügen wolle, er mich gern in seine Dienste
nehmen werde. Ich nahm dankbar das Anerbieten an, und
ging nachmittags zu ihm, um ihm zu danken. Er sagte, er
wisse, daß ich Geschmack in Theatersachen habe, und
wünsche, daß ich die Geschichte der heiligen Genovefa für
sein Haustheater bearbeite. Ich versprach dies und ging zu

meinem Bruder, um ihn von diesem Auftrage in Kenntnis zu setzen und ihn zu bitten, mir ein ruhiges Zimmer zu geben, wo ich ungestört arbeiten könne. Er wies mir ein solches an, und ich fing an zu arbeiten. Nachdem ich den Plan entworfen, zeigte ihn mein Bruder dem Fürsten, der ihn billigte und mir sagen ließ, ich möchte rasch an die Ausarbeitung gehen. – Nach so vielen überstandenen Gefahren durfte ich mich also für sehr glücklich halten; ich war in Freiheit und befand mich im Dienst eines Fürsten, der sehr gütig gegen mich gesinnt war; ich hatte den Tisch bei Hofe und jedermann behandelte mich sehr artig; so daß ich glaubte in Grätz einen sehr festen Wohnsitz zu haben. Wer mag aber dem Glück vertrauen? Alle diese schönen Dinge änderten sich plötzlich.

Ich war jetzt seit vier Tagen in Grätz, arbeitete an meiner Oper und war schon bei der letzten Szene des ersten Akts, als abends ein Freund meines Bruders, ein Italiener, zu ihm kam und ihm sagte, die Soldaten des Stadtvogts hätten ihn angehalten, nach seinem Namen und Stand gefragt, und ob er nicht den Bruder des Musikdirektors des Fürsten Eggenberg kenne, der seit einigen Tagen nach Grätz gekommen sei. Er erwiderte, er kenne ihn nicht, wisse nichts von demselben und er sei ein Student der Universität. Er habe hiervon meinen Bruder in Kenntnis setzen wollen. Kaum hatte er mit dieser Erzählung geendigt, als unser Haus ganz von Soldaten umringt war. Mein Bruder brachte mir in der größten Bestürzung diese unangenehme Nachricht, die mich in große Unruhe versetzte. Ich bat ihn, sogleich dem Fürsten die Anzeige zu machen, mich seinem Schutz zu empfehlen, und ihn um einen Wagen zu ersuchen, der mich in Sicherheit brächte. Mein Bruder ging sogleich zum Fürsten, der bei einer Dame in der Stadt zum Spiel war. Er antwortete, mir einen Wagen zu schicken sei nicht angemessen, denn man würde dadurch nur Aufsehen machen; wenn ein kaiserlicher Befehl vorhanden sei, könne er sich meiner nicht annehmen, ich müsse suchen aus dem Haus zu entkommen, wo ich mich befände, und mich in sein Haus begeben, wo ich nichts zu fürchten habe.

Mein Bruder brachte mir diese Antwort. Er war sehr bestürzt, meine Mutter in Tränen, mein Neffe in Verwunderung und das ganz Haus in Unruhe. Ich faßte schnell einen Entschluß; sich im Haus zu verstecken, war das Mittel gefangen zu werden, über die Dächer zu klettern, zu gefährlich. Ich ließ mir einen Mantel geben, einen Degen und eine Blendlaterne, ging dann mit einem Bedienten die Treppe hinab, öffnete die große Haustür, hielt meine Laterne in der Hand und ging dreist durch die Soldaten hindurch, wie ein Mensch, der nichts zu fürchten hat. Langsamen Schrittes nahm ich meinen Weg zum Palast des Fürsten. Der Diener, der mir folgte, zitterte vor Angst und war im hohen Grade über meine Entschlossenheit erstaunt.

Sobald ich im Vorzimmer des Fürsten war, schickte ich den Bedienten zurück und ließ meinem Bruder sagen, daß ich in Sicherheit sei. Meine Verwandten waren sehr erfreut und alles ging zu Bett. Eine Stunde nachher klopfte man an der Tür und ein Offizier mit sechs Soldaten begab sich in das Zimmer meines Bruders. Er entschuldigte sich ihn in der Ruhe zu stören und sagte, daß er Befehl habe, seinen

Bruder zu verhaften, der seit einigen Tagen hier sei. Mein Bruder versicherte, ich sei nicht da und man könne seine Wohnung visitieren. Er fragte sodann, wo der Fremde sei, der mit ihm angekommen und mein Bruder erwiderte, dies sei ein Neapolitaner gewesen, der schon nach Wien abgereist sei. Der Offizier durchsuchte jedoch alle Winkel und verließ endlich das Haus. Eine Stunde nachher kam mein Bruder nach dem Palast des Fürsten, wo er mir den Vorfall mit dem Leutnant erzählte. Nachdem der Fürst nach Hause gekommen war, ließ er mich rufen, und riet mir im Zimmer zu bleiben, bis er erfahren, von wem der Befehl, mich zu verhaften, herrühre. Am folgenden Morgen ließ er mich abermals zu sich entbieten und sagte mir, ich solle suchen aus der Stadt zu kommen, er wolle mich nach Eggenberg schicken, wo ich ganz sicher sein werde.

Ich sprach darüber mit meinem Bruder und dieser meinte, es würde am besten sein, mit einer Anzahl von 8-10 Studenten, im lebhaften Gespräch, zum Tor hinaus zu wandern. Er ersuchte demnach einen jungen Italiener, 8-10 seiner Kameraden zusammenzubringen, um das Wagstück zu bestehen. Ich kleidete mich, wie sie, und eines Morgens wanderten wir sämtlich lustig zum Tor hinaus. Jeder hatte zwei Pistolen unter dem Mantel und einige auch Dolche wie die Italiener. Aber niemand hielt uns an.

Nachdem wir an dem Ort angekommen waren, wo der Wagen mich erwartete, nahm ich Abschied von meinen Begleitern und fuhr nach Eggenberg. Der Fürst hatte dem Schloßverwalter schon Befehle meinetwegen gegeben, und ich fand daher zwei Zimmer bereit. Die Annehmlichkeit dieser guten Aufnahme wurde durch den Umstand vermindert, daß wir nicht miteinander reden konnten, denn der Schloßverwalter verstand kein Wort Italienisch und ich kein Wort Deutsch. So blieb ich acht Tage ohne etwas anderes zu tun, als gut zu essen, und noch besser zu trinken. Da Eggenberg nur zwei Stunden von Grätz ist, so schrieb ich meinem Bruder alle Tage und bat ihn um Nachricht, wie meine Angelegenheiten stünden? Er schrieb mir endlich, es würde ein Freund kommen, um mich woanders hinzuführen; er selbst würde mich unterwegs sprechen und mir das weitere sagen. Der Freund kam auch mit zwei Pferden; wir setzten uns auf und nahmen den Weg nach Marburg.

Einige Stunden von Eggenberg traf ich meinen Bruder, der mir sagte: sein Freund werde mich nach Wilthaus, einem Dorf führen, das dem General Rabatta gehöre. Er gab mir sodann einen Brief an dessen Beamten, und sagte mir, ich möchte mich für einen Architekten ausgeben; er händigte mir einige Zeichnungsmaterialien ein, und riet mir, architektonische Zeichnungen zu entwerfen, da wirklich der General ein Gebäude zu Wilthaus aufführen wolle, zu welchem Zweck er sich selbst dahin begeben würde. Endlich gab er mir noch eine Börse mit Dukaten, und nach einem schmerzlichen Abschied kehrte er nach Grätz zurück und ich begab mich auf den Weg nach Marburg.

Wir stiegen in der Post ab, wo wir einen Postillon nehmen mußten, um den rechten Weg nach Wilthaus nicht zu verfehlen. Wir machten hier die erste Bekanntschaft mit der Grobheit deutscher Postmeister, von der man so viel erzählt. Er machte Schwierigkeiten, uns einen Postknecht mitzugeben, da er nicht wisse, wer wir seien. Mit der Pfeife im Mund disputierte er mit meinem Begleiter und gab sich das Ansehen eines wichtigen Mannes, bis er sich endlich bewegen ließ uns zu befördern. Er ließ uns nun zwei Pferde und einen Postknecht geben, und nach vier Stunden erreichten wir mit denselben Wilthaus. Mein Begleiter kehrte mit den Pferden zurück und versprach mir, meinen Bruder unverzüglich von meiner glücklichen Ankunft zu benachrichtigen. Der Beamte des Generals empfing mich sehr höflich, nachdem er den Brief des Generals gelesen hatte. Er führte mich indessen in sein Zimmer, bis das meinige bereitet war. Unsere Unterhaltung war jedoch sehr mangelhaft, da wir einander nicht verstanden.

An der Abendtafel, die aus vier Personen bestand, befand sich zum Glück ein junger Mensch, im Dienst des Generals, der etwas lateinisch sprach, und zum Dolmetscher zwischen mir und den übrigen diente. Ich verlangte durch ihn etwas Papier zum Zeichnen und verfertigte am folgenden Morgen den Plan und Grundriß eines netten Hauses. Der Beamte sah mir mit vielem Vergnügen zu, und lud mich endlich durch Zeichen zum Piquetspiel ein, welche Unterhaltung wir auch in den folgenden Tagen fortsetzten.

Indessen hatte die verschiedene Lebensart, zur See und zu Lande, welche ich seit einiger Zeit geführt, in meinem Körper eine Schärfe erzeugt, die sich in einem heftigen Exanthem äußerte. Ich verschwieg mein Übel, aber endlich nötigte mich ein Zufall, es zu entdecken. An einem Sonntag führte mich der Herrschaftsbeamte auf das andere Ufer der Drave, wo er sein Gut und seine Familie hatte.

Mehrere Gäste waren noch anwesend, und wir wurden sehr freigebig bewirtet. Beim Nachtisch ließ er ein großes kristallenes Gefäß bringen, das wohl drei Maß halten konnte, und auf deutsch der *Willkommen* genannt wurde. Er brachte mir die Gesundheit des Generals Rabatta zu, und trank in wenigen Zügen das ganze Glas aus. Da ich mit den deutschen Sitten noch unbekannt war, so lachte ich, indem es mir unvernünftig schien, sich auf diese Art zu betrinken und sich aus Höflichkeit krank zu machen, aber das Lachen verging mir, als er das Gefäß abermals füllte und es mir präsentierte. Er machte mir das Zeichen, daß ich es austrinken und dann meinem Nachbar zubringen möchte. Ich protestierte, was ich konnte, aber da er schon trunken war, so half mein Widerspruch nichts; seine Familie drang ebensosehr in mich, und endlich nahm ich das Gefäß und trank es unter dem Lachen der Gäste langsam aus. Aber bald empfand ich die Wirkung; meine Sinne verwirrten sich, das ganze Haus drehte sich mit mir um, und ich sah 100 Tafeln, statt eine. Man mußte mich zu Bett bringen, und ich schlief fünf Stunden, wie ein Toter. Als ich erwacht war, kam die Gesellschaft, und wünschte mir Glück, indem ich mich wie ein Held betragen habe. Es kam mir sehr seltsam vor, Lobeserhebungen über einen solchen Rausch zu erhalten.

Nach diesen rühmlichen Taten kehrten wir über die Drave nach Wilthaus zurück, welches am Abhang eines Berges liegt, an dessen Fuß die Drave strömt. Sie ist sehr fischreich, besonders an Forellen, die sehr groß und schön sind. Indessen hatte die gemachte Ausschweifung mich so sehr erhitzt, daß mein Körper mit einem allgemeinen Ausschlag bedeckt wurde, wobei ich in der größten Fieberhitze lag. Am folgenden Morgen besuchte mich der Herr Verwalter, dem ich mein Unglück erzählte. Mit lachender Miene versicherte er mich, daß er mich kurieren wolle. Er verordnete mir eine Mixtur und Kräuterbäder, und endlich mußte ich an einem Feuer von Weingeist schwitzen. Dabei suchte er mich zu erheitern, und ich lernte von ihm: *semper* lustig, *nunquam* traurig! welche Worte er immer im Munde führte.

Zu eben dieser Zeit trafen der Graf und die Gräfin Rabatta mit mehreren Herren und Damen in Wilthaus ein. Sie überhäuften mich mit Höflichkeiten und mein Entwurf zu einem Haus gefiel dem Grafen so wohl, daß er es ausführen ließ. Nach einem Jahr, sagte er zu meinem Bruder: „Wenn Ihr Bruder hier wäre, so hätte ich das größte Vergnügen, wenn ich ihm das Haus zeigen könnte, das hier nach seiner Angabe erbaut ist!" – Auch hatte ich einige vertrauliche Unterredungen über meine Angelegenheiten mit ihm. Er erklärte mir, daß, wenn der Kaiser auf Verlangen des Nuntius oder der Inquisition Befehl gäbe, mich zu verhaften, ich in den kaiserlichen Staaten nirgends sicher sein würde. Auch würde er in große Verlegenheit kommen, wenn mein Aufenthalt hier entdeckt würde. Er riet mir daher, mich zu seinen Brüdern nach Görz zu begeben; er werde mir zu dem Ende einen treuen Menschen als Begleiter geben. Dort sei ich auch näher bei Venedig, wohin ich mich im Notfall flüchten könne. Sobald er nach Grätz komme, werde er deshalb auch mit meinem Bruder sprechen; hier in Wilthaus würde ich, selbst bei der größten Sicherheit, doch aus Mangel an allem Umgang, die tödlichste Langeweile haben; er werde mir die besten Empfehlungen an seine Brüder geben. Einer derselben sei verheiratet und seine Frau liebe, so wie ich, die Musik. – Ich dankte dem General verbindlich für seinen Rat und sagte ihm, daß, sobald mein Bruder mir meinen Koffer schicke, werde ich sogleich nach Görz abreisen. Nach zwölf angenehm zugebrachten Tagen kehrte der General und die Gesellschaft desselben nach Grätz zurück.

Ich blieb noch acht Tage in Wilthaus und mußte mich aus Gefälligkeit für den Verwalter noch einmal berauschen, da dieser glaubte, er erzeige mir die größte Ehre, wenn ich trinke und von meinen Sinnen nichts wisse. Endlich kam mein Koffer und mein Begleiter nach Görz. Er brachte mir Briefe von meinem Bruder, der mir riet, daß ich mich von der Poststraße über Laibach entfernt halten solle, weil auf allen Posten Befehl gegeben war, einen Mann anzuhalten, der sich für einen Neapolitaner ausgebe, zeichnen könne und Musik verstehe. Es war augenscheinlich, daß ich damit gemeint sei. Ich war allerdings besorgt, aber ich verlor den Mut nicht, und überlegte mit meinem Führer, welchen Weg wir nehmen sollten.

Am folgenden Morgen gingen wir über die Drave, setzten uns wohlbewaffnet zu Pferde, und gelangten auf lauter Gebirgswegen am siebenten Tag nach Görz. Wir gingen gerade nach dem Palast der Grafen Rabatta, wo eben ein festlicher Ball war. Da der verheiratete Bruder meinen Begleiter sah, den er wohl kannte und fürchtete, seinem Bruder könnte ein Unfall zugestoßen sein, so kam er herab und fragte, was es Neues gebe? Ich gab ihm meine Briefe.

Nachdem er sie gelesen, führte er mich in einen kleinen Garten, wo wir allein waren. Ich mußte ihm kurz meine Geschichte erzählen und bestürzt sagte er: „Mein Gott, wie muß sich das fügen?" Heute früh, erzählte er mir, sei ein Befehl von Wien an den Gouverneur der Festung gekommen, jemand zu verhaften; man wisse noch nicht, wer es sei, aber er wünsche nicht, daß mir ein Unglück wiederfahre. Er riet mir denn sogleich wieder zu Pferde zu steigen, sein Kammerdiener soll mich nach Loremberg, einem seiner Güter, begleiten, wo ich so lange in Sicherheit sein könne, bis er wisse, wer verhaftet werden solle, hernach wolle er mich selbst dort abholen.

Er ließ sodann zwei Pferde satteln, auf welchen der Kammerdiener des Grafen und ich nach Loremberg ritten. Ich war erschöpft von der Reise der letzten Tage, und mein Gemüt war in Unruhe. Ich hatte gehofft in Görz ein ruhiges Asyl zu finden, und mußte aufs neue fliehen. Unter traurigen Betrachtungen kam ich nach Mitternacht in Loremberg an. Der Kammerdiener ließ den Verwalter wecken, der noch ein Nachtessen bereiten ließ, worauf ich mich zur Ruhe begab.

Nach zwei Tagen kam der jüngere Graf Rabatta, um mich zu besuchen. Er suchte mir alles mögliche Vergnügen zu machen, wie das Land es darbot. Nach vier Tagen kam auch der ältere Graf Rabatta mit seiner Gemahlin und einer großen Gesellschaft von Herren und Damen. Wir unterhielten uns mit Musik, Jagd und den Freuden der Tafel zehn Tage lang sehr angenehm. Aber beim Abschied nahm mich der Graf beiseite und riet mir, mich in irgendeine deutsche freie Reichsstadt, nach Augsburg, Nürnberg oder Frankfurt zu begeben, wo ich sicherer sein würde, als in dieser Gegend. Immer könne ich in Loremberg bleiben, wo ich nicht entdeckt werden würde, aber da ich die Sprache des Landes nicht verstehe, und der Ort ohne alle Unterhaltung für mich sei, so glaube er, daß ich selbst keine große Lust haben werde, hier lange zu verweilen.

Er fügte noch hinzu, daß es ihm und seiner Gemahlin sehr leid tue, mich in Görz nicht aufnehmen zu können, da letztere besonders gewünscht habe, sich bei mir in der Musik zu vervollkommnen. Aber deshalb dürfe man mich der Gefahr nicht aussetzen, meine Freiheit aufs neue zu verlieren. Sein Bruder Philipp werde noch dableiben, mir bei meiner Abreise Geld geben, und mich durch einen Begleiter bis jenseits Tolmin bringen lassen, wo ich dann mit dem Postwagen weiterreisen könne. Ich dankte sehr für die großmütige Aufnahme, die er mir gewährte, und sagte ihm, daß ich sogleich nach Deutschland abreisen würde, nachdem ich Briefe von meinem Bruder erhalten haben würde. Am folgen den Tag reiste die Gesellschaft ab. Nur Graf Philipp blieb zurück, der die Jagd sehr liebte. Ich blieb indes meistens zu Hause, und vollendete hier die Oper, die ich zu Venedig angefangen hatte.

Nach einigen Tagen erhielt ich Briefe von meinem Bruder und 20 Dukaten zur Reise. Graf Philipp schrieb mir die Straße nach Augsburg auf, schenkte mir ein Paar Taschenpistolen und gab mir einen Wagen und einen Führer. Mit diesem reiste ich ab und da er Italienisch sprach, so unterhielt ich mich sehr gut mit ihm. Als ich aber Italien verlassen hatte und auf die Landstraße kam, so empfand ich alle die Unannehmlichkeiten, welche Reisende haben, wenn sie die Sprache des Landes nicht verstehen. Ich sprach ohne verstanden zu werden, und man sprach zu mir, ohne daß ich etwas verstand. Ich bedauerte, daß ich zu Rom mich so viel mit unnützen Dingen beschäftigt und versäumt hatte, fremde Sprachen zu erlernen. Mein Begleiter, der mich nach Accord bis Villach führen sollte, kam eines Morgens und erklärte mir, eines seiner Pferde sei vernagelt und er könne nicht weiterfahren. Alle Vorstellungen halfen nichts. Er verließ mich und ich war ohne Wagen und Pferde.

Während ich diesen Führer hatte, diente er mir zum Dolmetscher, aber als er fort war, befand ich mich in großer Verlegenheit, da ich nicht wußte, wie ich weiterkommen sollte. Ich ging in die Kirche und sprach mit dem Pfarrer daselbst Latein; ich erzählte ihm, was mir begegnet sei und er erwiderte mir, ich möge mich beruhigen, er werde mir ein Pferd und seinen Knecht geben, der mich über dem Berg bringen solle; das Pferd solle nicht mehr als 1 Florin kosten, und der Knecht bekomme ein Trinkgeld. Ich bezahlte das Geld voraus und stieg zu Pferde, in der Meinung, daß ich wenigstens einige Stunden weit zu reiten hätte. Aber kaum hatten wir eine halbe Stunde zurückgelegt, als wir an ein Wirtshaus kamen, wo ich absteigen mußte, indem der Knecht sagte, weiter solle er mich nicht bringen. Ich war sehr erstaunt, und konnte nichts tun, als ihm viele Verwünschungen mit auf den Weg geben. Mit vieler Mühe erhielt ich hier ein anderes Pferd nach Villach. Aber auf der Höhe der Tauern angekommen, wollte mein Bote nicht weiter, und da ich kein Pferd bekommen konnte, so sah ich mich genötigt, meinen Koffer einem der Frachtfuhrleute im Wirtshaus anzuvertrauen, und neben dem Wagen her nach Villach zu Fuß zu gehen, was sehr beschwerlich war.

Ich hatte unterwegs so viel ausgestanden, daß ich mich in Villach zwei Tage ausruhen mußte. Im Wirtshaus ging es sehr lustig her, weil eine Hochzeit darin gehalten wurde. Ein italienischer Kaufmann verschaffte mir einen Fuhrmann, der mich glücklich nach Hallein brachte. Der Kellner sprach Italienisch und verschaffte mir eine Gelegenheit nach Salzburg. Als ich hier ankam, ging ich sogleich auf die Post, um Pferde nach München zu erhalten. Es war nur der Sohn vom Haus gegenwärtig, der mir dreimal mehr verlangte, als ich sonst überall bezahlt hatte. Dies schien mir unrecht, und ich wollte die Rückkehr des Vaters erwarten. Als dieser kam, versicherte er mich Italienisch, sein Sohn habe noch zu wenig gefordert, weil es drei gute Meilen zur nächsten Post sei, so daß er es für nicht weniger als 6 Florin tun könne. Ich mußte mich der Notwendigkeit unterwerfen, fuhr mit einem guten Wagen ab. Auf der folgenden Post mußte ich etwas verweilen, weil ich mir auf dem schlechten Sattel die Knie wundgerieben. Man bereitete mir ein gutes Nachtessen; da ich aber mehr durstig, als hungrig war, und einen von den steinernen und Krügen vor mir stehen sah, die man in Deutschland häufig findet, so glaubte ich, es sei Wein, aber ich ward sehr überrascht, als ich nach wenigen Zügen schmeckte, daß es ein bitterer, häßlicher Trank sei, den ich für eine Art von Kräuteraufguß hielt. Ich rief den Wirt, ob er mich vergiften wolle, der mir indes immer zuschrie: Es sei gut!

Ich verlangte heftig Wein, und er antwortete: „Bald, bald!“ Dies dauerte aber so lange, daß ich es nicht erwarten konnte, und ich legte mich da her zu Bett. – Es war dies das erste Mal in meinem Leben, daß ich das bittere Bier kostete; es schmeckte wie Wermut. Auch sah ich zum ersten Mal diese ungeheuren deutschen Betten, deren dicke Federkissen gemacht zu sein schienen, um einen rasenden Menschen zu ersticken. Da ich es zwischen den Federkissen nicht aushalten konnte, so legte ich mich oben auf die Decke, und deckte mich mit einem Mantel zu. Nach zwei Stunden weckte mich der Kellner und brachte in einem zinnernen Gefäß Wein. Da ich noch durstig war, so trank ich, aber ich fand, daß der schlechteste italienische Essig weit besser war, als dieser Wein. Ich zankte, aber der Aufwärter, der mich nicht verstand, ging phlegmatisch von dannen.

Am folgenden Morgen versicherte mich der Wirt, der Wein sei von einem Pfarrer, der ihn aus Gefälligkeit hergegeben habe, und ich werde bis München keinen besseren finden. – Ich setzte mich nun zu Pferde und kam glücklich in der schönen Stadt München an, wo ich drei Tage blieb. Ein Offizier, den ich im Gasthof kennenlernte, sprach Italienisch, und zeigte mir die Merkwürdigkeiten der Stadt. Er bestellte mir auch einen Platz auf dem Postwagen, der alle Woche nach Augsburg fährt. Als ich hier angekommen, fand ich meine Börse sehr klein, so daß ich kaum noch drei bis vier Wochen zu leben hatte, und wenn ich im Gasthof bliebe, so würde mein Geld in 14 Tagen zu Ende sein. Ich erkundigte mich demnach, ob nicht jemand wäre, bei dem ich in die Kost gehen könne und ein Italiener, der im Hause war, nannte mir einen Italienischen Sprachmeister namens Pamaqueli; ich ging zu ihm und ward bald mit ihm einig. Er verlangte wöchentlich 2 Florin und wenn ich Deutsch lernen wollte, 1 Dukaten für den Monat. Ich zog also zu ihm und seine alte Frau erzeigte mir viele Höflichkeit. Eines Tages fragte mich der Italiener, der mich zu Pamaqueli gebracht hatte, ob ich nicht ein Bruder des Abbé Pignata sei. Diese Frage war mir auffallend, und ich antwortete ohne Verlegenheit, ich heiße Balthasar Bezio, und kenne den nicht, von welchem er spreche. Er sagte mir, er habe den Abbé in Wien kennengelernt und finde, daß ich viele Ähnlichkeit mit ihm habe. Ich veränderte sogleich das Gespräch, aber ich war doch voller Unruhe über die Frage, die der Mann mir tat, so daß ich mich sehr eingezogen hielt, und beständig zu Hause blieb, wo ich eine Oper anfing, und die deutsche Sprache zu lernen suchte.

Indessen schrieb ich an meinen Bruder nach Grätz, daß ich zwar glücklich in Augsburg angekommen, aber ganz an Geld entblößt sei, daher ich ihn bäte, mich zum letzten Mal mit etwas Geld zu unterstützen; ich wolle über Hamburg nach England und von da nach Indien gehen; vielleicht gelänge es mir so viel zu erwerben, um ihm das Geliehene wieder dankbar zu erstatten. – Nach acht Wochen empfing ich darauf 50 Dukaten von meinem Bruder, sodann auch Briefe von Venedig und unter anderen einen von dem Grafen Labour mit einem Empfehlungsschreiben an die Gräfin Platen, wenn ich durch Hannover käme, ferner auch Empfehlungsbriefe an Kaufleute in Nürnberg, Leipzig, Braunschweig und Hamburg. Auch von dem

Kaufmann, der mir die 50 Dukaten auszahlte, erhielt ich Empfehlungsschreiben an Kaufleute, so daß ich mit Empfehlungen wohl versehen war.

Indessen hatte Pamaqueli meine Neigung zur Musik erkannt, und verschaffte mir ein Klavier. Eines Tages führte er ein schönes junges Mädchen zu mir ein, die nach Augsburger Art sehr elegant gekleidet war. Sie trug eine dicke silberne Kette am Gürtel, woran eine große Tasche mit silberner Schließe hing, ihr Kleid war reich mit Spitzen und goldenen Schnüren besetzt, ihre Haare waren hinten auf dem Kopf künstlich geflochten. Pamaqueli sagte, sie sei eine Schülerin von ihm, und da ich besser als irgend jemand Italienisch spreche, so habe sie gewünscht, meine Bekanntschaft zu machen, um meine Unterhaltung zu benutzen. Ich erfuhr sodann, daß sie die Tochter des berühmten Malers, Herrn Mayer, und die Nichte des Agenten des Braunschweigischen Hofes, Herrn Syndikus Mayer sei. Wenn ich nach Hannover wolle, so würde mir ihr Vater gern gefällig sein. Ich nahm dankbar diese Anerbietungen an, und Demoiselle Mayer verließ mich mit dem Versprechen öfter wiederzukommen, und einige ihrer Freundinnen mitzubringen, die sich für die Musik und die italienische Sprache interessierten. Sie kamen auch wirklich wöchentlich dreimal und luden mich in ihre Familien ein. Der Maler Mayer erinnerte sich in seiner Unterhaltung mit mir sehr gern seiner Jugend, in welcher er in Italien gewesen war. Er zeigte mir mit großem Vergnügen seine Sammlungen und fand sich durch mein Urteil sehr geschmeichelt. Er empfahl mir sehr, nach Hannover zu gehen, und sein Bruder bot mir die besten Empfehlungen an. Da ich aber von der Idee erfüllt war und noch bin, außerhalb Europa die Sicherheit zu suchen, der ich hier stets beraubt zu werden fürchten muß, so ging ich nach Amsterdam, um daselbst irgendeine Stelle zu suchen, oder um nach einem entfernteren Land mich einzuschiffen und die Freiheit zu finden, derer ich mich so ungern wieder beraubt sehen würde.

Hier endigt Giuseppe Pignata seine Erzählung. Er fügte hinzu, daß, da er in Holland noch immer viele Schwierigkeiten fände, sich einen Weg nach Indien zu bahnen, so bliebe ihm noch eine Zuflucht übrig, nämlich das erhabene fürstliche Haus Braunschweig-Lüneburg, wo er hoffen könne, unter dem hohen Schutz dieser großmächtigen Fürsten die Ruhe zu finden, deren er für die letzte Zeit seines Lebens so sehr bedürfe. Seine ferneren Schicksale sind nicht bekannt geworden.

Zu dieser Ausgabe.

Der Text dieses Buches folgt der Ausgabe:
*Joseph Pignata's Flucht aus den Gefängnissen der
Römischen Inquisition im Jahre 1693. Neu übersetzt München,* 1834.
Der Text selbst wurde in die traditionelle deutsche Rechtschreibung
übertragen, und zum besseren Verständnis des heutigen
Lesers behutsam sprachlich bearbeitet.